KOCHBUCH FÜR LIEBENDE

Jacqueline Deval

EIN KULINARISCHER

STREIFZUG

MIT ORIGINALREZEPTEN

VON CHARLES BAUDELAIRE

BIS VIRGINIA WOOLF

Kochbuch FÜR *Liebende*

Aus dem Amerikanischen von

Chris Hirte & Andrea Voss

Byblos Verlag Berlin

DIE ORIGINALAUSGABE ERSCHIEN 1993 UNTER DEM TITEL
»RECKLESS APPETITES« BEI THE ECCO PRESS, HOPEWELL.

DEUTSCHE ERSTAUSGABE 1995
BYBLOS VERLAG GMBH, BERLIN

GESAMTGESTALTUNG: GIJS SIERMAN
SATZ: LVD GMBH, BERLIN
DRUCK: DRUKKERIJ BARIET, RUINEN
ISBN 3-929029-41-3

Inhalt

Die Personen

POMME BOUQUIN

Eine junge Frau, eifrige Köchin und Leserin

JEREMY

Pommes Liebhaber in London

HENRI BOUQUIN

Pommes Vater, Chefkoch im Londoner Savoy-Hotel

ÉTIENNE SANSIGNE

Henris Freund, Chefkoch in Paris

DER PROFESSOR

Pommes Liebhaber in Amerika

I

Vom Vorgeschmack der Liebe

Pommes Verführung

Wollte man völlig aufrichtig sein, müßte man gestehen, daß es zwei Arten der Liebe gibt – die wohlgenährte und die unterernährte. Alles andere ist Fiktion.
COLETTE

Der ganze Verlauf der Menschheitsgeschichte bestätigt, daß das Glück der Männer, seit Eva Äpfel aß, vor allem von einem guten Mittagessen abhängt
BYRON

Stellen wir uns eine Frau vor. Ihr Name ist Pomme. Sie ist verliebt, sie ist allein in ihrem Zimmer, aber nicht einsam. In Gedanken verbringt sie den Abend mit Colette, und sie spürt den Geheimnissen ihres Verlangens nach. Jeremy, den sie zu ihrem Liebhaber machen will, widersteht und zögert noch, bevor er sich kopfüber in eine leidenschaftliche Affäre stürzt. Das quälende – so unerträglich langsame – Tempo versetzt sie in einen Zustand fortwährender, hochgespannter Erwartung. »Wird er oder wird er nicht?« fragt sie sich und Colette. »Wie kriege ich ihn?«

Wie die junge Frau, die in einer Erzählung von Colette eine Opiumhöhle aufsucht, atmet Pomme das dunkle, erregende Aroma frischer Trüffeln oder gebrannten Kakaos ein und hofft, sich mit dem berauschenden Gefühl der Geduld, des Optimismus und eines vagen Hungers trösten zu können. Heute nacht, unter der Anleitung von Colette, wird sie ihr Verlangen stillen und die Mahlzeit planen, die sie für Jeremy bereiten wird. Eine äußerst wichtige Mahlzeit.

Colette zu lesen ist ein Erlebnis der Wollust für Pomme, voller Bilder, Klänge und Gerüche aus Paris, von Speisen und Männern. Danach fühlt sich Pomme ihrer Zeit entrückt, wie eine Frau in einem klassischen Gemälde, mit stockendem Atem, hingegossen auf einen üppigen Diwan, während ihr Geliebter seinen ersten Kuß plaziert. Colettes Früchte sind schwer, voll und duftend. Ihre Schokolade ist dickflüssig, heiß und betörend. Ihre

Käsesorten und ihre Trüffeln, sorgfältig gewählt, verheißen kulinarische Ekstasen. Colettes Beschreibungen des Essens erregen die Sinne. Wenn Colette einem Käse huldigt, indem sie seine Festigkeit, die Risse in seiner Rinde untersucht, wenn sie befindet, daß der »perlige Ausfluß des Munsters zu dünnflüssig ist und auf ein vorzeitiges Bitterwerden hinweist«, so betrachtet sie diese Talente als Ausdruck von Weiblichkeit. Hätte sie einen Sohn im Heiratsalter, sagte Colette einmal, würde sie ihn vor Frauen warnen, die weder Wein noch Trüffeln, weder Käse noch Musik lieben.

Pomme reißt sich vom Bett los, auf dem sie Colettes amouröse und kulinarische Abenteuer verfolgt hat, und beschließt, das Gelernte für ihr eigenes Liebesleben zu nutzen. Wie ihre Namensschwester, ein frühreifes Schulmädchen in *Claudines Ehe*, wird sich Pomme ihrer verführerischen Reize nur sehr allmählich bewußt. »Pomme! Was für ein Name. Eines Tages wird Sie jemand essen«, sagt ein Mann, der vom Zauber der fiktiven Pomme hingerissen ist. Der Duft von Zimt umschwebt Pomme, ein warmer exotischer Hauch, den Jeremy schon tief in sich eingesogen hat, gierig und verstohlen. Er ist überwältigt von der Großzügigkeit ihres Lächelns und der Offenheit ihres herzförmigen Gesichts. Daß sie ihre Erscheinung vernachlässigt, daß ihr dicker Zopf oft in Auflösung begriffen und ihre Kleider manchmal vom Kochen befleckt sind, amüsiert ihn. Er läßt sich nicht anmerken, wie sehr Pomme ihn verstört.

Obgleich Colette, die ihre Karriere auf das Studium der Liebe gründete, so manches Rezept mitteilt, zieht Pomme auch andere Schriftsteller zu Rate, die über das Essen und die Liebe gesprochen haben. »Ich muß zu viel lernen in zu kurzer Zeit«, murmelt sie und hofft darauf, daß Glücksfunde in fremden Liebesbeichten ihr den Weg weisen werden. Haben diese Schriftsteller eine Verführung genauso sorgfältig geplant wie einen Roman? Schließlich hängt alles davon ab, ob die Atmosphäre stimmt, ob jene knisternde Spannung entsteht. Ebenso wichtig für das Gelingen des Abends ist das Arrangement der Gedecke und der Szenerie. Und wenn die Verführung gescheitert ist, haben sich die Schriftsteller dann damit getröstet, daß sie diese Erfahrung zumindest für ihr nächstes Buch verwerten konnten? Sind Schriftsteller überhaupt jemals außer Dienst?

Pomme kocht wunderbare Gerichte und möchte ein gefeierter Chefkoch werden wie ihr Vater. Mit lustvoller Hingabe übt sie ihre Kunst aus. Wenn sie nicht in der Küche steht, liest sie Bücher und folgt darin den romantischen Vorlieben ihrer Mutter, die ihre Zeit vornehmlich in den Lesesälen bedeutender Bibliotheken verbringt. Vom Kochen und aus der Literatur hat Pomme gelernt, daß die perfekte Verführung alle Sinne anspricht. Soll ein Mahl verlockend sein, muß sich der aufsteigende Duft der köstlich bereiteten Speise mit einer Atmosphäre der Feierlichkeit vermischen – wie beim Bœuf en daube in Virginia Woolfs *Fahrt zum Leuchtturm*. Auch das Tischgespräch der Liebenden ist entscheidend. Welche Gerichte führen zu den rechten Themen, zur Offenbarung jener Lebensgeschichten, die die Liebe entfachen?

Um den weiteren Verlauf des Abends nicht zu gefährden, darf das Mahl weder zu schwer noch zu aufregend oder zu umständlich sein. Ein falsches Gericht kann alles verderben. Mrs. Waters in Fieldings *Tom Jones* mußte dies erfahren, als eine riesige Rinderkeule und Humpen schäumenden Bieres ihren Helden Tom unempfindlich für ihre schmachtenden Blicke und sehnsüchtigen Seufzer machte. Die Liebe sollte zum Lachen animieren, zum heiteren und zum ernsten. Das Essen darf dieses Bemühen nicht zunichte machen. Mrs. Waters errang ihren Sieg durch Hartnäckigkeit. Es gelang ihr, Tom mit ihrem unmißverständlichen Lächeln zu entwaffnen, aber das erst, als die Tafel geräumt war. Mrs. Dickens, weniger erfolgreich bei Tisch, erlitt hingegen eine Liebeskatastrophe. In dem Kochbuch *Was essen wir zu Mittag?* versprach sie ihren Leserinnen, das Rezept für Kartoffelbällchen (geröstete Kugeln aus Kartoffelbrei) mit aufgewärmtem Kabeljau werde helfen, die Ehemänner ans Haus zu fesseln – »Man nehme etwelchen kalten Kabeljau, der übrig sein mag, wärme ihn zusammen mit Kartoffelbrei und serviere ihn übergossen mit Austernsauce.« Obwohl der Kabeljau als Kabeljau *rechauffée* auf den Tisch der Dickens' gelangte, brannte der Hausherr mit einer jungen Schauspielerin durch und löste damit einen gesellschaftlichen Skandal aus.

»Ich werde Kabeljau *rechauffée* um jeden Preis meiden«, gelobt Pomme. »Aber an welche anderen Schriftsteller soll ich mich wenden? Wer wird auch nur andeutungsweise meine tausend Fragen, das Essen und die Liebe betreffend, beantworten?« Eine sorgfältige Wahl scheint da vonnöten. »Ich werde stets ein Priester der Liebe sein«, hat D. H. Lawrence einst geschrieben und mit diesem selbstgefälligen Bekenntnis Pommes Argwohn geweckt. Welche Art von Liebesaffäre würde er ihr bieten? Sie braucht nur die Illustration ansehen, die er für *Venus in der Küche* anfertigte, ein halbsatirisches, erotisches Kochbuch des Romanciers Norman Douglas, um zu erkennen, welch kümmerlichen Begriff Lawrence von der Liebe hatte. Die trübsinnige Zeichnung zeigt ein nacktes Paar beim Brotbacken – die Frau schiebt einen Brotlaib in die offenen Flammen des Backofens, während der Liebhaber sie täppisch von hinten befingert. Beide sind völlig falsch proportioniert, plump und grotesk. In seiner Einführung versichert Douglas, daß ihm D. H. Lawrence nach Gebrauch der erotischen Rezepte merklich gesünder erschienen sei. Graham Greene, literarischer Meister der schuldbeladenen und scheiternden Liebesaffäre, steuerte das Vorwort bei und pries darin den »Hauch des Expertentums, die Mischung aus Praktischem (die Mandelsuppe) und Abenteuerlichem *(Roti sans pareil)* sowie die Knusprigkeit der Kommentare«.

Sehr seltsame Vorschläge, denkt Pomme, als sie die Rezepte für Kaviar und Austern liest, die *Venus in der Küche* bietet – gewürzt, roh oder gekocht und stets verführerisch gemeint. Ein erschreckendes Aufgebot an Speisen, nur ersonnen, um dem lüsternen Verfasser die Opfer in die Arme zu treiben; schon der Gedanke daran läßt Pomme erschaudern. Gerichte aus Aal, Niere und Gehirn; Pasteten, die die Verwendung von Stierhoden erfordern, werden mit konspirativem Flüstern und wissendem Nicken beschrieben. *Venus in der Küche* beschwört allzu deutlich das Bild des Autors herauf, der seinen knotigen Arm um ein zartes, junges Ding geschlungen hat, ohne auch nur zu ahnen, wie lächerlich er wirkt, wenn er das Opfer – mit einem durchtriebenen Seitenblick auf den *Maître d'hotel* – in sein Zimmer nötigt, wo bereits ein Teller mit Stierhodenpastete wartet. Angewidert befreit sich Pomme aus dieser zudringlichen Umklammerung und flieht zurück in die tröstenden Arme und zu den weisen Worten von Colette.

Sie denkt über Colettes Claudine nach, die einsam und melancholisch auf den Beginn ihres Lebens wartet, die sich nach einer ungewissen Zukunft verzehrt und schon ahnt, daß etwas Wichtiges bevorsteht. Aber was genau ist es, und wann

Charles Dickens, Gemälde von Daniel Maclise, 1839.

wird es eintreten? Pomme und Claudine sind an einem Endpunkt angelangt, es fehlt ihnen die entscheidende Erfahrung, und ihre jugendliche Ungeduld läßt sie nicht ruhen. Pomme liest laut, sie verspürt den Geschmack der Schokolade und der Einsamkeit, wenn Colette Claudine am Kamin beschreibt:

> *»Wer hätte geglaubt, daß sie solche tränenschweren Gedanken wälzte, diese Claudine, als sie mit gekreuzten Beinen im Morgenrock vor dem marmornen Kamin hockte, scheinbar völlig beansprucht vom Erhitzen eines Schokoladenriegels, den sie mit der Zange aufrecht hielt? Wenn die dem Feuer zugewandte Seite zu schmelzen begann, sich schwärzte, knisterte und blasig wurde, hob ich eine dünne Schicht mit meinem kleinen Messer ab ... Ein erlesener Geschmack, gemischt aus gerösteten Mandeln und geriebener Vanille! Die melancholische Süße im Aroma der erhitzten Schokolade ...«*

Für Pomme war damit entschieden, welches Dessert wohl für das Mahl mit Jeremy in Frage käme – Schokolade, behutsam über der offenen Flamme geschmolzen, und frische Kirschen, die ersten dieser Saison, zum Hineintunken. Colette sprach einmal von Kirschen, die noch am Baum hingen, als sie getunkt wurden. »Nicht in Deinem Mund, nein, in meinem schmelzen sie jetzt auf so köstliche Weise«, schrieb sie an einen abwesenden Liebhaber. Anders als Claudine und Colette, die Kirschen und Schokolade allein genossen haben, werden Pomme und Jeremy das Dessert gemeinsam zubereiten und sich dieser süßen Beschäftigung abwechselnd widmen.

Als Madame de Sévigné schrieb, daß Schokolade »für eine kleine Weile Genuß verschafft, dann aber plötzlich ein tödliches Fieber entfacht«, sprach sie etwas an, worüber die Wissenschaft seither spekuliert – eine chemische Verbindung zwischen der Gier nach Scholokade und der Gier nach Liebe. Regt der Schokoladengenuß die Verliebtheit an? Falls dies eines Tages bejaht und bewiesen werden kann, wird Pomme der Wissenschaft ihre Gunst erweisen.

Als Pomme Jeremy zum ersten Mal sah, las er gerade Lord Byrons *Don Juan*. Sie träumt von dem Dichter, der mit seiner venezianischen Geliebten in einer Gondel auf dem Canale Grande treibt und von der Polenta ißt, die sie zwischen ihren Brüsten warmgehalten hat. Byron schrieb an einen Freund:

Lord Byron, Gemälde von Richard Westall, 1838.

> *»Was Don Juan betrifft, gestehe – gestehe – du Hund – und sei aufrichtig – daß so etwas nicht besser geschrieben werden kann – es mag obszön sein – aber ist es kein gutes Englisch? – es mag lasterhaft sein – aber ist es nicht das Leben, wie es ist? – Hätte es jemand schreiben können – der das alles nicht kennt? – der es nie in der Postkutsche gemacht hat – und in einer Droschke? – in einer Gondel? – im Stehen? ... – auf dem Tisch? – und unterm Tisch?«*

»Muß ich mir jetzt Flugtickets nach Venedig kaufen und ein Polenta-Rezept mitnehmen?« fragt sich Pomme halbernst, da die Vorstellung, daß Polenta zwischen den Brüsten aufbewahrt wird, zu weiteren Nachforschungen veranlaßt, und sei es nur aus sachlichen Gründen. Die Polenta, die aus Maismehl gemacht wird, kann entweder gleich nach der Zubereitung serviert werden und ist dann heiß und breiig, oder man läßt sie abkühlen und schneidet sie in Scheiben wie einen Kuchen. Pomme lächelt beim Gedanken an die Versuche, die richtige Konsistenz herauszufinden(1), aber sie zweifelt an Byrons Sachverstand in Liebesdingen, an seinem Schwanken zwischen reiner Liebe und unersättlicher Gier. Ein Brief insbesondere läßt ihn als Galionsfigur für ihr Ansinnen ganz und gar ungeeignet erscheinen. Am 25. September 1812 berichtete er Lady Melbourne, der Tante seiner zukünftigen Braut, über eine andere Geliebte:

> *»Außerdem spricht sie nicht englisch und mit mir ausschließlich italienisch, was von großer Bedeutung ist, denn zufälligerweise ist der Klang dieser Sprache wie Musik für mich, und sie hat schwarze Augen, ihre Haut ist nicht sehr hell, und sie erinnert mich an viele auf dem Archipel, die ich vergessen möchte, und läßt mich vergessen, woran ich denken sollte; all das steht gegen mich. – Ich wünschte nur, sie würde nicht so viel Essen verschlingen, Hühnerflügel – süßes Gebäck – Cremespeisen – Pfirsiche und Portwein – eine Frau sollte niemals beim Essen und Trinken zu sehen sein, es sei denn bei Hummersalat und Champagner, den einzig wirklich weiblichen und zuträglichen Nahrungsmitteln.«*

Wenn Jeremy an Byron glaubt, bringt er Pomme in Nöte. Sie ißt sehr gern, doch keinen Hummer, der so umständlich und schwierig zu verzehren ist. Pomme weiß, wenn in Colettes Büchern Hummer auftauchen, verheißt das für die Liebe nichts Gutes. Léa in *Chéri* serviert ein Hummergericht, um ihres verlorenen Liebhabers zu gedenken – was für ein fröhliches Mahl das gewesen sein muß! In *Mitsou* verspeiste das Liebespaar Hummer à l'Indienne, doch wurde dadurch nur Mitsous Mangel an Bildung und Geschmack offenkundig. Der Abend hinterließ einen bitteren Nachgeschmack im Munde ihres Liebhabers. Fortan verschmähte er sie.

Byrons Abscheu vor dem Anblick speisender Frauen brachte ihn dazu, sich vor der Annahme einer Einladung zu vergewissern, ob keine Frauen unter den Gästen seien. Einmal verzichtete er auf ein Diner, weil auch Madame de Staël, die Schriftstellerin und Kritikerin, geladen war. Launisch, selbstsüchtig und obendrein syphilitisch, wie Byron war, ist seinen Ratschlägen in Liebesdingen nicht zu trauen. Wagt es Pomme tatsächlich, einem der großen Liebhaber der Geschichte in aller Form den Laufpaß zu geben? *Mais, bien sûr!* ruft Colette. Alle großen Verführer sind trügerisch, erklärt sie – was sich zwar ursprünglich auf eine Flasche Wein bezog, aber auch für Byron gilt. Colette fragte einst einen selbsternannten, modernen Don Juan nach den Erinnerungen, die er in den von ihm beglückten Frauen hinterlassen habe. »Ganz zweifellos«, erwiderte er ohne zu zögern, »das Gefühl, nicht genug bekommen zu haben.« Wie Colettes Heldinnen mit ihrem natürlichen, animalischen Vergnügen am Essen beschließt Pomme, ihren Liebhaber vollzufüttern und sich auch ihren Anteil an der Beute nicht entgehen zu lassen.

Auf der Suche nach Verführungen am Eßtisch liest Pomme die Liebesbriefe anderer Schriftsteller. In einem Brief an seine Geliebte Sarah Stoddard offenbarte William Hazlitt seine Gefühle mit einer Ehrlichkeit, die nur in einer langweiligen Ehe enden konnte. Obwohl er das Beben ihrer Wangen pries, versicherte Hazlitt, daß er sie am meisten liebte, wenn sie bei gerösteten Hammelnacken und heißen Kartoffeln saßen. Sarah und William heirateten alsdann und wurden bald geschieden. Vielleicht machte sich Sarah nichts aus Hammelnacken oder aus seinen lehrreichen Hinweisen, wie sie ihr Haar zu tragen habe. Wenn Pomme von Colette abweicht, erfährt sie nur, was man nicht servieren sollte. Byron würde Hummer auftischen oder sie verhungern lassen; die Küche der Dickens' hätte aufgewärmten Kabeljau zu bieten; Hazlitt würde ein ödes Stück Fleisch mit Kartoffeln präsentieren; Greene, D. H. Lawrence und Norman Douglas dagegen hätten Aal oder Hodenpastete parat.

Bei den Franzosen also, die Essen und Liebe als nationale Heiligtümer betrachten, wird Pomme die reichen Genüsse suchen, nach denen sie sich verzehrt. Sicher wußte Gustave Flaubert besser als seine britischen Kollegen, wovon er sprach, als er die Sehnsüchte der Emma Bovary beschrieb. Aber nur allzu schnell enttäuscht er mit seinen »tierischen Gelüsten, dem Instinkt einer fleischfressenden Liebe, die fähig ist, ihr Opfer zu zerreißen. Ist das Liebe? Vielleicht ist es das Gegenteil. Vielleicht, in meinem Fall, ist es eine Impotenz des Herzens.« Als Flauberts Verehrerin, Louise Colet, diesen Brief empfing, verstand sie da endlich, wie sehr Flaubert davon überzeugt war, daß körperliche und geistige Befriedigung nichts miteinander gemein haben? Möglicherweise schrieb Flaubert den Brief im Anschluß an eines seiner literarischen Diners, anläßlich derer er gern mit seinen vielfältigen sexuellen Eroberungen prahlte. Für ihn – und darin war er Byron nicht unähnlich – war Lust etwas ganz anderes als jene höhere geistige Befriedigung, die ihm, wie er erklärte, nur auf dem Wege der Kunst erreichbar war.

Im Jahre 1860, bei einem Essen mit Flaubert, diskutierten Edmond und Jules Goncourt die verschiedenen Vorzüge aller ihnen bekannten Schauspielerinnen. »Flaubert verriet uns sein Rezept, wie sie zu erobern seien: Man müsse sentimental sein und sie ernst nehmen.« Bei anderer Gelegenheit erzählt er ihnen, daß er alle Frauen, die er je besaß, nur als Matratze benutzt habe – als Ersatz für die Frau seiner Träume. Er hatte auch herausgefunden, wie es ganz ohne Frauen ging: »Ich lege mich bäuchlings ins Bett, und dann, in der Nacht ... es ist unfehlbar.«

»Die Frauen und die Liebe sind stets das Thema, wenn intelligente Männer miteinander essen und trinken«, notierte Edmond de Goncourt in sein Tagebuch, und er ergänzte munter, daß die abendliche Unterhaltung vom 28. Januar 1878 in ihrem Verlauf immer schmutziger und lasterhafter geworden sei. »Flaubert tut immer so, als wäre er der leidenschaftlichste Liebhaber der Welt«, schrieb Goncourt, »dabei wissen seine Freunde recht gut, daß Frauen in seinem Leben höchstens eine Nebenrolle spielen.« Diese strikte Trennung zwischen Lust und Liebe bei Flaubert findet Pomme bedrückend. Plötzlich fällt ihr ein, wie das Leben der Emma Bovary endet: Flaubert läßt sie Gift nehmen.

Was die Brüder Goncourt betrifft, so vermögen sie Pomme mit ihrem Bericht vom 24. April 1858 zu fesseln, als »Maria zwischen Schokoladensoufflé und Chartreuse ihr Korsett lockerte und ihre Lebensgeschichte begann«, obwohl sie es der Phantasie des Lesers überlassen, was danach geschah. Mag besagte Maria ihr Korsett noch so sehr gelockert haben: die Brüder glaubten an die Reinheit der brüderlichen Liebe und betrachteten Frauen mit kaltem Argwohn. Ihre Entrüstung war groß, als sie entdeckten, daß Rose, ihre kürzlich verstorbene Köchin und Haushälterin, die ihnen schon Apfeltaschen gebacken hatte, als sie noch Kinder waren, sie jahrelang bestohlen und Haushaltsgeld, Wein und Vorräte an ihre Liebhaber verteilt hatte. Rose wurde in ihrem Dienst schwanger und ging zur Entbindung ins Krankenhaus. Die Brüder Goncourt, die sie täglich sahen, bemerkten nichts davon.

Ihr Bekannter, Guy de Maupassant, bezeichnete das Essen und die Liebe als verwandte Leidenschaften, womit er eine junge, verehrungsvolle Leserbriefschreiberin, Marie Birktsheff, zu beeindrucken versuchte:

> *»Ein gutes, ein wirkliches, ein außergewöhnliches Mahl nimmt bei mir fast den selben Rang ein wie eine schöne Frau. Ich glaube, wenn man eine Leidenschaft hat, eine große Leidenschaft, muß man sie voll zur Entfaltung bringen und ihr alle anderen opfern. So halte ich es. Ich hatte zwei Leidenschaften. Eine von ihnen mußte ich opfern – die Völlerei habe ich zu einem gewissen Grade aufgegeben. Ich bin seitdem genügsam wie ein Kamel, doch wählerisch nur insofern, als ich nicht weiß, was ich essen soll.«*

Dieses mißmutige Magenknurren eines alten Nörglers dürfte bewirkt haben, daß die Gefühle der Frau erstarben. Nachdem sie drei Briefe von Maupassant empfangen hatte, brach sie den Kontakt ab.

»Von diesen Franzosen ist nichts zu erwarten«, sagt sich Pomme mit einem Seufzer. »Schwärmerisch in ihren Absichten, aber unfähig in der Ausführung, haben sie keine wirkliche Kraft. Auf einen solchen Mann kann ich verzichten.« Beinahe hört sie die strenge Stimme von Colette, die ihnen sagt, sie sollen nicht so literarisch sein. Nein, was Pomme sucht, ist die kostbare Vermählung der Literatur mit dem Leben, etwas, was nicht erzwungen, nur ganz behutsam herbeigewünscht werden kann.

Colette führt Pomme mit sanftem Nachdruck zurück nach Hause, wo das Essen schlicht ist und die Mahlzeiten aus einfachen Zutaten bestehen. Die Gäste geben sich dem fundamentalsten aller Gelüste hin und erleben das wie etwas Exotisches, auch wenn das Essen, das sie verzehren, gar nichts davon an sich hat. Colettes Lieblingsspeise war eine Zeitlang »ein großes Stück Käse mit einem runden Brotlaib und einem Glas Rotwein«. Auch ihre Liebesmahle sind einfach und gut. Auch sie verlangen Hingabe.

Colette rügte den französischen Trend zu einer übertriebenen, vorgeblich nostalgischen Kochkunst, die die Vorliebe der Franzosen für eine gute Küche auf snobistische Weise verdreht. »Hütet euch vor den alten Mütterchen, die sich plötzlich und unerwartet, nach einem halben Jahrhundert sanfter Ruhe in ihren Gräbern, wieder im Speisezimmer einfinden und über einer Schüssel Hase mit Kohlrüben zum Leben erwachen«, warnte sie. Sie verabscheute Rezepte, die das Aroma der gepriesenen Perigord-Trüffel in Fett, Gänseleber und Saucen ersticken. Warum, so fragte sie, können wir die Trüffel nicht einfach um ihrer selbst willen lieben? »Nehmt sie, wie sie ist«, schrieb sie, »mit ihrem Duft und ihrer körnigen Haut, eßt sie als das Gemüse, das sie ist, heiß und in ausreichender Menge. Nur geputzt, macht sie keine weitere Mühe, und ihr fürstlicher Geschmack ist über alle komplizierten Kochkünste erhaben.«

Trüffeln. Schon der Gedanke an sie, an ihre Kostbarkeit, reizt Pomme. Sie sind ein Ereignis, das jedem Mahl einen Hauch von Luxus verleiht. Die ersten Trüffel-Esser, Franzosen des 14. Jahrhunderts, glaubten an ihre liebesfördernde Wirkung. In jenen Tagen wurde zwar fast jede neue Speise als Aphrodisiakum betrachtet, aber die Trüffel hat diese liebliche Reputation nie ganz abgelegt. Jahrhunderte später servierten französische Köche Seezunge Casanova, pochiert und garniert mit Trüffeln, Austern und Muscheln. Ein rasches Durchblättern der Memoiren Casanovas zeigt Pomme, daß die Inspiration keinen Eingang in die pornographische Literatur gefunden hat. Casanovas Trachten war einzig auf die

Sidonie-Gabrielle Colette, um 1925. Foto: G.L. Manuel Freres.

schnelle Befriedigung und auf die nächste Eroberung gerichtet. Mag er auch Pâtés, Trüffeln und Austern genossen und mit seinen schäumenden Schokoladentrunken, die er als Stärkungsmittel schätzte, heruntergespült haben – sein Leben erscheint dennoch einsam. Am Ende seiner Tage war das Essen sein einziges Vergnügen. »Mit 73 Jahren kein Gott mehr im Garten, kein Satyr mehr im Walde, aber ein Wolf bei Tische«, sagte einer seiner Zeitgenossen über ihn. Auch Napoleon empfahl Trüffeln als Liebesbringer, doch seine Ansicht ist ebenfalls fragwürdig. Hätte Napoleon einer vernünftigen Kurtisane Trüffeln serviert, hätte sie natürlich ihr bestes gegeben, um ihm einen Erfolg zu bescheren. Der Küchenphilosoph des 19. Jahrhunderts, Anthelme Brillat-Savarin, behauptete, er habe die erotisierende Wirkung von Trüffeln unter seinen Bekannten – männlichen und weiblichen – experimentell überprüft. Seine Erkenntnis: »Die Trüffel ist kein eindeutiges Aphrodisiakum, aber unter Umständen kann sie Frauen zärtlicher und Männer der Liebe geneigter machen.«

Die Trüffel als solche provoziert keine Liebesakte. Wichtiger ist die Atmosphäre, die sie befördern hilft. Jedes Gericht, das den Beinamen *Rêve d'amour* oder Liebestraum trägt, muß dem Rechnung tragen. Trüffeln à la rêve d'amour werden 25 Minuten lang in Champagner mit Kräutern gekocht und 24 Stunden in der Brühe kaltgestellt. Pomme jedoch bevorzugt Colettes Rezept im *Paradies auf Erden*. Trüffeln regen den Appetit an, sagt Colette, also wird Pomme sie als Hors d'œuvre servieren.

»Gut bedeckt mit einem qualitätvollen, trockenen Weißwein – heben Sie den Champagner für Ihre Empfänge auf, die Trüffeln haben ihn nicht nötig –, maßvoll gesalzen, diskret gepfeffert, können sie in einem einfachen gußeisernen, bedeckten Suppentopf gekocht werden. 25 Minuten lang müssen sie im sprudelnden Sud tanzen und – wie eine dunkle Amphitrite von Tritonen – von schmalen, nicht zu fetten Speckstreifen umspielt werden, die dem Sud die Würze geben. Keine Kräuter oder andere Gewürze! …
Die Trüffeln kommen in ihrem Sud auf den Tisch. Geizen Sie nicht beim Auftun.«

Maurice Goudeket ruft sich in seinen Memoiren die Wonnen ins Gedächtnis, die ihm das Trüffelessen mit seiner Frau, Colette, bereitete. Er liebte sie innig, ohne

Scheu und Verlegenheit, und sein Zeugnis bestärkt Pomme in der Wahl ihres Appetitmachers. Colette betrachtete das Putzen der Trüffeln als eine Kunst, deren Ausübung sie niemals anderen überließ, sagte Goudeket. »Ein göttlicher Duft, ein wenig suspekt wie alles, was wirklich gut riecht, durchzog das Haus ... Wer nicht bereit ist, das Paradies oder die Hölle für einen solchen Genuß aufzugeben, ist es nicht wert, noch einmal geboren zu werden.«

Goudekets eigenes Rezept verlangt eine halbe Flasche Champagner, in dem ein paar kleine Würfel leicht gebräunten Specks mit Salz und Pfeffer aufgekocht werden, bevor die Trüffeln hinzukommen. »Der heiße, duftende Sud wird separat serviert, in Portweingläsern«, bestimmte er.

Vorzugsweise ein Burgunder untadeliger Herkunft oder ein Mercurey, gehaltvoll und samtig, muß die Trüffeln begleiten. Darin war Colette unerbittlich. »Trinken Sie nur wenig, wenn es beliebt. In der Gegend, aus der ich stamme, sagt man, während eines guten Mahls ist der Wein nicht für den Durst, sondern für den Hunger da.« Sie rät zu einem »intimen, diskreten Umgang mit dem Wein, nicht gierig hinuntergeschüttet, sondern in schmalen Gläsern zugemessen und bedächtig, Schluck für Schluck, genossen.«

Wegen des Zwischengerichts kehrt Pomme zurück zu Claudines erstem Liebesmahl, das diese, ein frisches, ungestümes Mädchen vom Lande, mit einem älteren, in der Kunst der Verführung sehr viel erfahreneren Mann einnahm. Der Asti, die mit Pfeffer gewürzten Garnelen, das harte Glitzern des schicken Pariser Restaurants schufen eine berauschende Atmosphäre, aber was Claudine von ihrer Angst befreite, war »das Starren der fast gänzlich schwarzen Augen mit den kleinen Lichtpunkten darin«, die Gegenwart des ergrauten Herrn, der den Blick nicht von ihr abwenden konnte. Sie überraschte ihn mit ihrer Offenheit und ihrem Hunger. Die gepfefferten Garnelen spielten ihre Rolle gut im Drama der Verführung, obwohl Claudine später unter einer unglücklichen Ehe leiden mußte, einer beengten Ehe, in der sie von ihrem Gatten behandelt wurde wie ein Kind. Nein, Garnelen sind ihren tristen Verwandten, den Hummern, einfach zu ähnlich.

Also hält sich Pomme an Colettes reifere Léa und schaut ihr ab, wie diese ihren jungen Liebhaber aufs Land lockt, indem sie ihm geröstete Frühlingshähnchen, reife Erdbeeren, frische Kuchen mit Sahne in Aussicht stellt. Geröstete Hähnchen erschienen auch auf Colettes Tafel, als sie für Valère Vial kochte, einen Mann, den sie in *Die Freuden des Lebens* beschrieb. Das Buch ist Roman und Autobiographie in einem, sowohl Erfindung als auch Wahrheit.

Vial brachte Melonen, eine Mandeltorte und Pfirsiche zu Colettes Küstenvilla in Saint-Tropez. Mit den jungen Hähnchen wollte Colette Salate servieren, einen gefüllten Fisch und Auberginenschnitten auf provençalisch, gebacken in Olivenöl mit Knoblauch und bestreut mit Petersilie. »Vier junge Hähnchen werden halbiert, behutsam flachgeklopft, gesalzen, gepfeffert und mit reinem Öl bestrichen, wozu ein Zweiglein Pebreda verwendet wird. Die kleinen Blättchen des Pebredas und ihr Aroma bleiben am gegrillten Fleisch haften«, schrieb sie. Pebreda ist eines der vielen kräftigen Gewürzkräuter, die in den trockenen Hochlagen der Provençe gedeihen. »Sehen sie nicht gut aus?« fragte Colette Vial. Vial war verliebt in sie, aber Colette schuf sich ein Leben ohne die Verwicklungen der Liebe, obwohl sie den Gedanken, sich einer Verführung hinzugeben, durchaus genoß.

Colette ließ sich von Vial die Schürze umbinden, machte sich an die Zubereitung einer schweren, scharfen Sauce und ließ Vial den Finger eintunken, damit er kosten konnte. Sie bat ihn, noch etwas Öl nachzugießen. »Als ich Halt! sagte, ließ er den Strahl des goldenen Öls versiegen und richtete sich auf, und ich legte meine Hand für einen kurzen Moment der Zärtlichkeit auf seine Brust.« Sie sah ihre Hand auf seinem Körper ruhen und war stolz auf die Kraft ihres Vertrauens und ihres Schriftstellertums. Vial leckte an ihrer Schulter, um das Salz des Meeres zu schmecken. Trotzdem würde sie ihm widerstehen.

Als sie *Die Freuden des Lebens* schrieb, lebte Colette in einem Haus mit dem Namen La Treille Muscate inmitten eines guten Hektars Gartenland, das überfloß von Orangen, Feigen, Pimentbäumen, Knoblauch, Auberginen, Paprika, Tomaten und duftenden Kräutern und Blumen. Pomme wird eine rubinrote Tomate aus Colettes Garten nehmen, in Scheiben schneiden und mit einem Spritzer Vinaigrette und ein paar Blättern Basilikum servieren. Colette hat die Sauce für die gerösteten Hähnchen nicht näher beschrieben. Da aber Olivenöl, Tomaten und Knoblauch die drei Säulen der provençalischen Küche bilden, dürften sich die Tomaten in eine provençalische Sauce für die Hähnchen verwandeln, zusammen mit Öl, geschnittenen Zwiebeln und zerstoßenem Knoblauch, gewürzt mit Salz, Pfeffer und Petersilie, Weißwein und Kalbsbouillon. Vielleicht wird sich Pomme auch die Kirschen für den Nachtisch aus Colettes Garten holen.

Eine weitere Liebesszene, wenn auch nicht von Colette, reizt Pommes Appetit. In seinen Erinnerungen, *Ich werfe meine Netze aus*, berichtet Langston Hughes, daß er Anna Marie Coussey verfallen war, einer englisch erzogenen Afrikanerin, die nach Paris gekommen war, um Französisch zu lernen und einer unglücklichen Verlobung zu entgehen. Am Abend, bevor sie nach London zurückreisen mußte, fanden die Verliebten ein verstecktes Restaurant in einer der krummen, holprigen Gassen an der Place du Tertre, fast am Gipfel des Montmartre. Dort tranken sie Wein und aßen Kalbsschulter, Salat der Saison, Cœur à la crême, eine in Herzform servierte Käsecreme mit Erdbeeren und hauchdünnen Biskuits.

»Und dann gingen wir bergab durch die alten krummen Gassen, überquerten den Boulevard Clichy, und irgendwie gelangten wir zu meinem Haus. Wir kletterten die steile Treppe im kühlen, halbdunklen Flur hinauf, höher, immer höher, bis wir unter das schräge Dach kamen, wo mein Zimmer war. Unterwegs hatten wir im Fenster eines Ladens ein Häufchen winziger Walderdbeeren entdeckt und eine Tüte voll davon gekauft, zusammen mit zwei Gläsern Dickrahm. Nun saßen wir auf dem breiten Sims des offenen Giebelfensters, tunkten jede Beere einzeln in den Rahm, schoben sie uns gegenseitig in den Mund und sahen traurig zu, wie über den Dächern von Paris die Sonne unterging. Und wir waren tiefbetrübt und jung und hilflos, weil wir nicht konnten, was wir wollten: miteinander glücklich sein – ohne Geld und ohne lästige Väter.«

»Ich frage mich, ob Du mich damals in Paris wirklich geliebt hast«, schrieb Anne später an Langston und meinte damit, er hätte energischer versuchen können, sie von der Rückreise nach London abzubringen. Dessenungeachtet verrät diese Liebesgeschichte mit wilden Erdbeeren und Rahm alles über die schmerzhaften Seiten der Liebe, über die Vorahnungen einer ungewissen Zukunft. Pomme wartet schon so lange und ist es leid, sich weiter in Geduld zu üben, also wird sie im Gedenken an Hughes und seine bezaubernde Geschichte winzige wilde Erdbeeren in Champagner servieren, für jeden ein Glas voll, wenn der Abend beginnt.

Colette würde einer Adeptin, die in ihrem Menü den Käse vergißt, nie und nimmer verzeihen, bringt er doch, wie sie sagte, den Gast dazu, in wahrer Dankbarkeit zu erstrahlen. Wenn Colette ein Käsegeschäft betrat, dann wie in einer hochwichtigen Mission. Sie schob die Stücke hin und her, prüfte sie mit allen Sinnen und bewunderte ihr Aussehen: »gebunden in goldenes Leder, geheimnisvoll verborgen unter dicken Schichten von Schimmel«. Soll Pomme die Käsecreme wählen, die Chéri so sehr mochte, als er bei Léa speiste? Den Camembert oder den Saint-Florentin, für den Colette in ihrer Kindheit schwärmte? Pomme sucht ein Stück weichen Käse aus dem Burgund aus, der Heimat Colettes, den scharfen und würzigen Soumaintrain, um ihn mit einem warmen, knusprigen Brotlaib und einem frischen Gartensalat zu servieren, der in einer Schüssel aus dem Wurzelholz des Olivenbaums angerichtet ist. Die Schüssel wird nach Gebrauch nicht abgewaschen, nur trockengerieben, damit das Öl das Holz durchdringt.

❁ Pommes Mahl für Jeremy

Champagner mit Walderdbeeren
Trüffeln à la Colette, serviert mit Burgunder
Junges Grillhuhn(2)
Tomaten de Treille Muscate(3)
Gartensalat
Soumaintrain
Geschmolzene Schokolade mit Schwarzkirschen

»Aber was, wenn er mich nach all dem noch immer verschmäht?« fragt sich Pomme besorgt. »Werde ich die Leere meines Zimmers, trotz Schokoladenduft, als bedrückend und einsam empfinden? Soll ich dann Colette die Schuld geben, deren Rat in Angelegenheiten des Herzens und der Sinne diesen Abend vielleicht zu sehr mit Gefühlen befrachtet, so daß Jeremy von Wolken widerlicher Süße erstickt wird?«

Aber nein, der Abend wird ganz anders enden. Pomme und ihr Liebhaber werden am Kamin sitzen und dicke Schokoladentafeln schmelzen. Sie werden schwarze Kirschen in die flüssige Schokolade tunken, die mit einem Schuß Cognac verfeinert wurde, und über die raffinierte Süße der Früchte unter der warmen Schokoladenhülle staunen. »Ein Mann braucht Süßes zum Naschen«, wird Jeremy sagen. Und dann, endlich, wird er sie küssen. »Oh, stille Wasser sind tief«, wird ihre Freundin Colette schließlich flüstern und sich sacht entfernen.

(1)

❁ Polenta

AUS: »THE FOOD OF ITALY«, WAVERLY ROOT, 1971

Man werfe eine Handvoll Maismehl in heftig brodelndes Salzwasser, rühre möglichst gleichmäßig eine Stunde lang um, und das ergibt Polenta. Wird das Mengenverhältnis um ein Viertel des Wassers erhöht (normal ist ein Liter Wasser pro Tasse Maismehl), entsteht Polentina, ein flüssiger Brei, der mit Milch und nach Belieben mit Zucker zum Frühstück gegessen wird wie Haferschleim. Das ist kein besonders raffiniertes Gericht, obwohl man es beträchtlich verfeinern kann ... Es hängt vor allem von der Erfindungsgabe des Koches ab, ob die Polenta zäh und klebrig aus dem Topf kommt oder von leichter – und nach dem Trocknen – flockiger Beschaffenheit ist.

(2)

❁ Junges Grillhuhn

AUS »SUMMER COOKING« VON ELIZABETH DAVID, 1955

1 junges Hähnchen unter einem Kilo Gewicht, geviertelt
1 Zitrone
Salz
gemahlener schwarzer Pfeffer

frische Kräuter – Thymian, Estragon oder Majoran
Olivenöl
zerlassene Butter

Das Huhn mit dem Saft der Zitrone beträufeln, mit Pfeffer und Kräutern bestreuen und mit dem Olivenöl einreiben, dann eine Stunde stehen lassen.
Grillofen vorheizen und die Hühnerviertel mit der Haut nach oben auf ein Drahtrost über einer Pfanne legen. Etwas zerlassene Butter über das Fleisch gießen.
Haut 5 Min. anbräunen lassen, Stücke wenden, erneut mit Butter begießen und weitere 5 Min. grillen. Die Stücke in die Pfanne legen und erneut wenden, mit körnigem Salz bestreuen, mit Butter begießen und 4 Min. grillen. Salzen, Begießen und Wenden bis zur Garung alle 4 Min. bei verminderter Hitze wiederholen.
James Beard hat geschrieben, daß ihm das Grillhuhn mit einer Sauce béarnaise mit Estragon am besten geschmeckt hat. Estragon ist natürlich in Colettes Garten gewachsen. Eine andere provençalische Geschmacksrichtung schreibt vor, daß das Huhn nach halber Garung mit Rosmarin eingerieben wird.

(3)

❈ Tomaten de Treille Muscate

Eine dunkelrote, möglichst frische, gartengereifte Tomate aussuchen, denn die Lagerung im Kühlschrank oder im Kühlraum des Supermarktes zerstört den Geschmack. In dünne Scheiben schneiden, mit wenig Olivenöl besprenkeln und leicht salzen. Gehacktes Basilikum darüberstreuen oder auch gehackte Petersilie (mit glatten Blättern) oder – besser noch – Cilantro.
Wenn Sie die provençalische Methode bevorzugen, sollten Sie dem Rat von Waverley Roots in ›The Food of France‹ folgen: Tomaten schneiden und in Olivenöl dünsten mit reichlich Knoblauch, mit Petersilie bestreuen.
Elizabeth David sagt in ›A Book of Mediterranean Food‹, daß provençalische Tomaten von oben etwas geschwärzt sein sollten. Die Tomaten halbieren und kreuz-

weise ins Fruchtfleisch einschneiden, Salz, Peffer und zerstoßenen Knoblauch hineinreiben. Gehackte Petersilie ins Fruchtfleisch eindrücken, mit wenig Olivenöl besprenkeln und im Grill oder im sehr heißen Backofen garen.

2

Kulinarischer Ehrgeiz

Literarisches Festmahl, entworfen von zwei Küchenchefs

EINER DER BEIDEN: POMMES VATER, HENRI BOUQUIN

1. Mai
Henri Bouquin
Abteilungschef
des Savoy-Grill
Savoy-Hotel
London

Lieber Henri,

vor mir liegt die einmalige Chance, die Position eines Küchenchefs zu erringen, nachdem es mich Jahre härtester Arbeit gekostethat, meinen Hauptkonkurrenten, den Bratenkoch Michel Horsdegrasse, aus dem Felde zu schlagen. Du wirst Dich zweifellos an diesen blatternarbigen Provinzler erinnern und an seinen eigentümlichen Pot-au-feu, den er angeblich von den Berbern in Marokko hat. Leider wird diese Position meiner Berufsehre abträglich sein, weil sie mich zwingt, die kulinarischen Gepflogenheiten meiner bedauernswertesten Kollegen nicht nur anzuerkennen, sondern zudem noch zu den meinen zu machen. Ich spreche von den Engländern. Ich kann nicht ermessen, wie Du all die Jahre unter Menschen zubringen konntest, die glauben, ihre schweren Fleischpasteten und gekochten Speisen seien die Grundlage einer nationalen Küche. Natürlich wirst Du als Meisterkoch des höchsten Ranges mein Dilemma verstehen, und ich wäre Dir zutiefst verbunden für jeden Ratschlag, den Du mir geben kannst. Hier also mein Problem in aller Ausführlichkeit.

Robert, der Sohn des Chefs, hat den Auftrag übernommen, eines der monatlich stattfindenden literarischen Bankette der Académie Goncourt auszurichten.

Sollte er die Académie zufriedenstellen, könnte es geschehen, daß sie alle ihre Aktivitäten hierher verlegt, was mindestens zwölf Bankette pro Jahr erbringt, die außerordentlichen Zusammenkünfte, wenn die Akademiemitglieder den jährlichen Gewinner des Prix Goncourt ermitteln, nicht gerechnet. Erhält Robert den Zuschlag, wird ihm sein Vater das Restaurant überlassen, und mich wird Robert zu seinem Küchenchef befördern. Der Chef ist fest in seine Verrücktheiten eingesponnen, und wenn die Weinvorräte auf rätselhafte Weise geplündert sind, dann weiß ich, daß er sich all den Château Latour durch die Gurgel gejagt hat. Daugnin ist der Liebling seiner Familie, und bevor Robert das Restaurant in seinen Besitz gebracht hat, führt kein Weg an ihm vorbei.

Robert ist der Meinung, wir sollten die Académie Goncourt mit einem Mahl empfangen, das gänzlich von den großen Namen der Literaturgeschichte inspiriert ist. Pah! Warum soll ich mich von Schriftstellern inspirieren lassen? Die Schriftsteller mögen sich ums Schreiben kümmern, die Köche ums Kochen. Schriftsteller mit ihrem Gefolge, die einen Blick von den Akademiemitgliedern erhaschen wollen, stundenlang über einem Getränk sitzen und nur die billigsten Gerichte bestellen, wird es hier im Überfluß geben. Aber die Académie ist gutbetucht, also muß ich meinen Ärger herunterschlucken und mich den kommenden Aufgaben zuwenden.

Ich weiß nicht, womit ich anfangen soll. Was verstehe ich schon von Literatur? Robert liest unsere eigenen Autoren, und mich hat er dazu vergattert, Anregungen bei englischen Schriftstellern zu suchen. Ich hoffe, Du kannst mir dabei helfen, denn ich habe nicht viel Zeit. Ich bin gespannt auf Deine Ratschläge, mon ami, aber bitte bald.

In der Eile hätte ich fast vergessen, mich nach Dir und Deiner Familie zu erkundigen. Ist Deine Frau glücklich? Wie geht es Pomme? Ich bin sicher, sie ist eine Schönheit geworden, wenn sie denn nach Geneviéve geraten ist. Folgt sie Deinem Beispiel in der Küche, wie Du es gewünscht hast? Ich weiß noch, wie sie vor Jahren zu weinen anfing, als sie meine Hand ergriff und bemerkte, daß mir zwei Finger fehlen. Ich erzählte dem lieben Kind von dem Unfall mit dem Hackmesser und versicherte ihr, daß ich keine Schmerzen mehr verspüre. Um sie aufzumuntern, erzählte ich ihr von Grimod de la Reynière, dem einarmigen Schlemmer, der seine behandschuhte Holzhand auf einer heißen Herdplatte ruhen ließ und Arglose dazu verführte, es ihm gleichzutun, wobei sie sich schrecklich verbrannten. Nach dieser Geschichte weinte sie nur noch mehr. Ich mußte ihr versprechen, daß ich ihr so etwas niemals antun werde. Wenn sie in der Küche ebenso sensibel ist, wird wohl aus ihr inzwischen eine gute Köchin geworden sein.

Bitte laß so bald wie möglich von Dir hören.

Dein Freund
Étienne Sansigne
Paris

7. Mai
M. Étienne Sansigne
Chez Robert
Paris

Werter Sansigne,
welche Überraschung. Selten erhalte ich so kurzweilige Korrespondenz, aber nächstes Mal schreib mir bitte mehr über Paris. Hier lebe ich unter Menschen, die nur zwei Themen haben – ob im Keller genügend Veuve Cliquot für die nächste Party lagert (und die nächste Party steht immer bevor) und ob die Engländer jemals aufhören werden, sich zur Teezeit mit Gebäck vollzustopfen und sich so den Appetit auf unsere wunderbaren Diners zu verderben. Ansonsten aber befinde ich mich hier sehr wohl und bin in einer überaus glücklichen Lage. Unser Chef, Virloguez, ist zwar recht stämmig, aber in jeder Hinsicht ein angenehmer Mensch. Und seine vollendeten Kreationen – neue Desserts für jeden besonderen Anlaß – erregen den Neid aller anderen Londoner Spitzenhotels. Ein weiterer Grund zur Freude ist Mademoiselle Olivia, die Tochter des Chefs, die dem Leben in der Küche einen prickelnden Reiz verleiht. Diese Engländerinnen, Sansigne, ich kann Dir sagen, die mußt Du einmal probieren.

Aber Dein Problem ist überhaupt keines. Du stehst, wie Du sagst, am entscheidenden Punkt Deiner Laufbahn und hast die Chance, Deine überragenden Fähigkeiten unter Beweis zu stellen. Laß Dich also nicht entmutigen. Schließlich hast du bereits das Richtige getan, indem Du mir geschrieben hast.

Zuallererst habe ich Deinen Brief Geneviève gezeigt, die sich einsam und gelangweilt fühlt (noch immer, nach so langer Zeit in England), und sie hat sich sofort auf die Fährte der literarischen Inspiration begeben. Du hast ihr etwas besorgt, womit sie sich die Zeit vertreiben kann, und dafür, mein lieber Sansigne, bin ich Dir dankbar. Morgen wird sie für Dich zur Bibliothek gehen. Uns beide verlangt es sehr nach dem Geschmack der Gänseleberpastete, wie sie in der Charcuterie in der Rue de Clerk zubereitet wird. Könntest Du uns etwas davon schicken? (Gottlob ist weder Geneviève noch Olivia dem Diätwahn verfallen, der gegenwärtig alle Engländerinnen abmagern läßt.) Obwohl sie häufig nach Paris reist, hat Pomme diese besondere Pastete niemals probiert, und ich möchte ihr diese Freude gern vergönnen. Seit kurzem wohnt sie nicht mehr zu Hause, wogegen ich nichts einzuwenden habe. Sie ist neuerdings sehr launisch wegen eines Musikers namens Jeremy, den ich nicht sonderlich schätze. Er besitzt zweifellos eine starke Ausstrahlung, wirkt aber kühl und distanziert, wie es für die Engländer typisch ist. Er ist älter als Pomme – wie alt, verrät sie mir nicht –, ein hochgewachsener Mann mit ein wenig Bauch. Aber was immer ich Pomme über Jeremy sage, es hat keine Wirkung auf sie. Wir haben sie verwöhnt, und sie muß immer ihren Willen durchsetzen. Eine Schönheit ist sie in der Tat geworden – mit den kreolischen Zügen ihrer Mutter und ihrem ernsten, konzentrierten Ausdruck. Sie ist häufig bei mir in der Küche und immer umgeben vom lieblichen Duft dessen, was gerade auf dem Herd brodelt.

Pomme schlägt Dir vor, Dich um das kulinarische Vermächtnis jener französischen Literaten zu kümmern, die ebenfalls beleibt waren. Alexandre Dumas d. Ä. fällt mir ein, auch Honoré de Balzac. Ich erinnere mich an ein köstliches Schäferstündchen vor langer Zeit mit einer der Kellnerinnen – war es Simone oder war es Michelle? – im Schatten seiner ausladenden Statue im Garten des Musée Rodin. Berichte mir alles, was Du für Dein Menü entdeckst. Ich freue mich mit Dir.

Du solltest auch die Nachkommen von M. César Ritz ausfindig machen – er kehrte nach Paris zurück, nachdem er das Savoy eröffnet hatte. Vielleicht kennen sie noch ein paar gute Anekdoten über die Schriftsteller, die im Hotel gewohnt haben.

Ich muß nun schließen. Ich warte begierig auf das Erscheinen von O. auf der Küchentreppe.

Dein Freund
Henry
Savoy-Hotel

15. Mai
M. Henri Bouquin
Abteilungschef
Savoy-Hotel
London

Lieber Henri,

Du kannst Dir nicht vorstellen, wie glücklich ich war, Deinen Brief mit den wertvollen Anregungen in Händen zu halten. Ich sende Dir 500 Gramm der besten Gänseleberpastete aus der von Dir benannten Charcuterie. Du und Deine Familie, Ihr werdet damit gut gestärkt für Eure Bemühungen in meiner Angelegenheit.

Henri, Du bist noch immer der alte. Wie findest Du nur die Zeit, die Gäste des Savoy mit Deinen Künsten zu beeindrucken und Geneviève abzulenken, um außerdem noch Deine Geliebte beglücken zu können? Was mich betrifft, so bin ich bei Küchenschluß todmüde und ersehne nichts weiter als mein einsames Bett.

Ich habe auch eine Erinnerung an Balzac, wenn sie auch nicht so erregend ist wie Deine. Als ich einmal Kaffeebohnen in der Rue de l'Université in Saint-Germain kaufte, bemerkte ich ein Porträt von Balzac an der Wand des Geschäfts. Der Besitzer erklärte mir, daß Balzac bei seinem Urgroßvater den Kaffee gekauft habe und stets eine Kaffeemühle bei sich getragen habe, weil er die Zubereitung selten anderen überließ. (Robert würde das überhaupt nicht gutheißen, fürchte ich, denn er ist sehr stolz auf seine eigene Methode der Kaffeezubereitung.) Wir werden damit beginnen, die Kaffeemischung zu erproben, die Balzac bevorzugte – Bourbon, Martinique und Mokka. Er schüttete den Kaffee nur so in sich hinein. Sein Arzt vermutete, daß der enorme Kaffeeverbrauch und das nächtliche Arbeiten sein Herz schädigten und seinen Tod verursachten. Vielleicht beginnen alle diese Goncourt-Schreiberlinge zu halluzinieren wie Balzac, wenn es Nacht wird und sie zu viel Kaffee getrunken haben, so daß ihre Romanfiguren auf dem Papier zu sprechen anfangen, und wenn wir Glück haben, sterben sie und lassen uns arme Köche in Ruhe.

Ich bat Robert, in den Schriften der dicken Männer nachzuschauen, wie es Pomme vorgeschlagen hat, doch die Suche auf Balzac und Dumas zu beschränken. Anfangs hielt Robert das für einen Sarkasmus, und ich gestehe, daß ich ein wenig bitter klang, denn ich hatte einen schweren Tag hinter mir, aber dann kam er mit vielen guten Nachrichten aus der Bibliothek zurück. Robert fand heraus, daß Balzac, wenn er sich für eine gelungene Arbeit belohnen wollte, Sardinen mit Butter zu einer Paste verrührte, die, wie er sagte, Rillettes de Tours zum Vorbild hatte. Den Grund für letzteres verstehe ich nicht, weil, wie Du weißt, Rillettes aus magerem Schweinsgehacktem gemacht werden, das viele Stunden lang in gutem Nierenfett gekocht wird. Die Rillettes aus Tours zeichnen sich durch besondere Feinheit aus, da sie nur aus Stücken gut durchwachsenen Schweinsnacken bereitet werden.

Nichtsdestotrotz habe ich die Ruhestunde am Nachmittag genutzt, um das ideale Rezept für eine Paste zu entwickeln, die beim Bankett der Académie als Vorspeise serviert werden kann.

❆ Sardinenpaste nach dem Vorbild der Rillettes de Tours von Balzac

AUS: »AN OMELETTE AND A GLASS OF WINE« VON ELIZABETH DAVID, 1985

Die Sardinen putzen und entgräten. Je nach Größe mit ½ – 1 Tl. Butter gut verrühren. Mit einigen Spritzern Zitrone und mit Pfeffer abschmecken. Gut gekühlt mit Brot oder Toast servieren.

Die Familie von M. César Ritz habe ich ausfindig machen können. Sein bejahrter Sohn nahm sich ein wenig Zeit, und ich brachte ihm etwas von der Sardinenpaste mit, um ihm eine Vorstellung davon zu geben, was ich will. Er bekam feuchte Augen, als er von seinem Vater sprach – ich muß gestehen, er hat sich auch an der Sardinenpaste verschluckt – und über einen amerikanischen Schriftsteller namens Samuel Clemens, der sich bei Monsieur César über Magenbeschwerden beklagte und mit einem Bratapfel, Toast und einem Bier vom Faß zufriedengestellt wurde. Derartig zahnlose Speisen erscheinen mir allerdings unpassend für mein Menü. Ritz kramte dann in ein paar alten Schachteln und grub eine Speisekarte aus, auf der Clemens zu sehen war, mit einem weißen Schnurrbart und einem Frosch, den er an der Leine hielt. Wenn ich nur wüßte, was das bedeutet! Soll ich etwa Froschschenkel auf dem Goncourt-Bankett servieren? Der Besuch bei Ritz jedenfalls mag von historischem Interesse gewesen sein; meine akuten Probleme hat er nicht gelöst. Ich erhoffe mir neue Anregungen von Geneviève. Studiert sie die Aufzeichnungen dicker Engländer entsprechend Pommes Vorschlag, der sich auf dieser Seite des Kanals als so fruchtbar erwiesen hat?

Wenn Dir Pommes romantische Neigung nicht passend erscheint, warum schickst Du sie nicht her? Paris wird sie schon von dem Musiker ablenken. Mit Vergnügen würde ich ihr mein Gästezimmer zur Verfügung stellen.

Dein Freund
Étienne

21. Mai
M. Étienne Sansigne
Chez Robert
Paris

Werter Sansigne,
was für eine Gesellschaft gestern abend! Ein berühmter englischer Schauspieler mit seinem üblichen Gefolge war da, um meine Bouillabaisse mit extra viel Knoblauch zu genießen. Obwohl ich genug zu tun hatte, das viele Lob einzuheimsen (mit der notwendigen Nonchalance, natürlich), konnte ich doch einiges für Dich erreichen. Es gab einen Streit über das englische Essen. Eine Dame sprach über Virginia Woolf, jene englische Schriftstellerin, die hierzulande ständig das Thema ist. »Haben Sie gewußt, daß sie kurz vor ihrem Tod über Wurst und Schellfisch schrieb und daß sie einen festeren Zugriff auf diese Dinge haben wollte, indem sie darüber schrieb?« verkündete die Frau, während sie sich ein zweites Mal von der Bouillabaisse nahm. »Wurst und Schellfisch. Und nach drei Wochen hat sie sich ertränkt. Das sagt wohl genug über die englische Küche. Und ihre arme Haushälterin hat es nie verwunden, daß Virginia eines Tages triefend naß nach Hause kam und am nächsten Tag verschwand, als hätte sie tags zuvor vergeblich versucht, sich zu ertränken.«

Die Frau entpuppte sich als Schriftstellerin, die ein Buch über die Woolf geschrieben hat. Als die Gesellschaft mich an den Tisch holte, um mir zu meiner Bouillabaisse zu gratulieren, gestand ich der Frau in einer Anwandlung von Übermut, daß mich ihr Thema zutiefst interessiere. Sie hat sich sehr freundlich mit mir unterhalten, und wie es das Glück – Dein Glück – wollte, hat sie mir ein Exemplar ihres Buches verkauft, das sie zufällig bei sich hatte. Und ich glaube, Du wirst einiges Nützliche darin finden. Es heißt Virginia Woolf. Erinnerungen ihrer Zeitgenossen.

Ich habe Pomme empfohlen, Dich zu besuchen. Sie schien nicht begeistert, Jeremy gerade am – wie sie es nannte – entscheidenden Wendepunkt ihrer Freundschaft verlassen zu sollen. Aber sie erwähnte, daß sie für ein neues Küchenmagazin über die altenglischen Kaffeehäuser und die französischen Cafés schreibe und deshalb nach Paris fahren müsse. Ich legte ihr nahe, daß es ratsam sei, für eine Weile in einem Pariser Restaurant zu arbeiten, wenn sie sich in unserer Branche einen Namen machen wolle. Ich hoffe also, sie wird Dich besuchen und so fröhlich zurückkehren, wie sie es früher war.

Langsam häufen sich die Unkosten, die mit dem Sammeln der Informationen für Dich verbunden sind. Sehr gern würde ich Geneviève im Taxi statt im Bus zur Bibliothek schicken. Und diese Frau hat 20 Pfund für ihr Buch verlangt! Incroyable!

Amitiés,
Henri

4. Juni
M. Henri Bouquin
Savoy-Hotel
London

Lieber Henri,
ich bin für immer in Deiner Schuld. Ich habe gute Nachrichten und vertraue darauf, daß ich bald der Chef dieser Küche bin. Sei bedankt für das Buch, das ein Interview mit der Frau enthält, die für Madame Woolf kochte und den Haushalt besorgte. Mme. Woolf war eine anstrengende Dienstherrin, die sich oft in ihrer Küche betätigte. Im Bad führte sie

Selbstgespräche; sie las sich ihre eigenen Texte vor, und der Widerhall ihrer Stimme war eine Quelle der Störung für die Köchin in der Küche darunter. Diese Köchin schien eine schlichte Natur vom Lande zu sein, mit der für englische Landbewohner typischen Gutmütigkeit.

Henri, kannst Du Dir vorstellen, in den Dienst eines Herren zu treten, der darauf besteht, Dir das Kochen beizubringen? So etwas würde ich nicht ertragen, schon gar nicht in einem englischen Haushalt. Mme. Woolf zeigte der Köchin, wie sie eine Art Hüttenbrot backen sollte, ein ganz annehmbares Brot, das äußerlich einem Brioche ähnelt, aber ein kräftiges, bekömmliches Landbrot darstellt. Ich bin überzeugt, daß es den Mitgliedern der Académie Goncourt sehr munden wird, und verrate Dir hiermit das Rezept. Die Köchin hieß Mrs. Louie Mayer, und dies ist ihre Geschichte:

> *»Sie konnte ein wundervolles Brot backen. Ich war überrascht, wie kompliziert die Zubereitung war und mit welcher Akkuratesse Mrs. Woolf vorging. Sie zeigte mir, wie der Teig aus der richtigen Menge Mehl und Hefe gemischt wird und wie er geknetet werden muß. Drei- oder viermal im Laufe des Vormittags kam sie in die Küche, um den Teig erneut zu kneten. Schließlich brachte sie ihn in die richtige Form und ließ ihn in der richtigen Hitze backen. Mrs. Woolf war alles andere als praktisch veranlagt – beispielsweise konnte sie weder nähen noch stricken noch Auto fahren – aber die Geschicklichkeit, die das Brotbacken verlangt, bereitete ihr keinerlei Schwierigkeiten. Ich brauchte viele Wochen, um mir ihre Fertigkeiten anzueignen, aber es kostete mich sehr große Anstrengungen, bis ich sie dann, so glaube ich, am Ende übertraf.«*

Nie jedoch erlaubten die Woolfs, daß Louie ihnen den Kaffee kochte. Das tat Mr. Woolf höchstpersönlich, jeden Morgen um acht Uhr. Sie aßen auch gern Wildbret wie Fasan und Waldhuhn und hatten eine typisch englische Schwäche für sahnige Nachspeisen.

❁ Virginia Woolfs Hüttenbrot

NACH »ENGLISH BREAD AND YEAST COOKERY« VON ELIZABETH DAVID, 1980

5 ½ Tassen Weizenmehl
½ Tasse Vollkornweizenmehl
15 g (2 Tütchen) Trockenhefe
1 Tl. Salz
1 ½ – 2 Tassen Wasser

Die Hefe in ½ Tasse warmem Wasser verrühren und stehen lassen. Mehl und Salz mit einer Tasse Wasser vermengen. Die Hefe hinzufügen und gründlich vermengen. Der Teig soll möglichst trocken sein.

Auf einer mehligen Unterlage 5 Minuten kneten, bis der Teig elastisch ist und Blasen wirft. In eine gefettete Schüssel legen und gehen lassen, bis sich nach einer Stunde sein Umfang verdoppelt hat. Dann erneut einige Minuten lang durchkneten. Den Teig dritteln und zwei Drittel für den unteren Teil und ein Drittel für den oberen Teil verwenden. Die zwei ungleichen Hälften zu Kugeln rollen; beim (größeren) Unterteil die Falten nach unten und beim (kleineren) Oberteil die Falten nach oben. Separat hinlegen, mit einem Tuch abdecken und erneut gehen lassen.

Nach 45 Minuten die beiden Teile zügig zusammensetzen (zu langes Probieren läßt den Teig zusammenfallen). Den unteren Teil abflachen und in der Mitte kreuzweise auf ca. 3 cm Länge einschneiden. Den oberen Teil unten abflachen und auf den unteren Teil auflegen. Das Abflachen der beiden Teigkugeln ist wichtig, weil sonst der obere Teil in den unteren einsinkt und beide miteinander verbacken.

Mit zwei kräftigen Fingern ein senkrechtes Loch durch die Mitte des oberen Teils bis in den unteren Teil stoßen. Diese Technik heißt »Knallen« und hält die beiden Teile zusammen.

Den Laib auf ein gefettetes und bemehltes Backblech legen, abdecken und 10 Minuten ruhen lassen. Wenn der Teig schlaff wird oder zusammenzufallen droht, sofort in den Ofen schieben. Backröhre auf etwa 230° vorwärmen und das Blech auf unterer Höhe einschieben. Wenn der Ofen sehr heiß wird, nach 15 Minuten auf 200° reduzieren und ein weiteres Backbleck auf den Boden legen, um ein Anbrennen zu vermeiden.

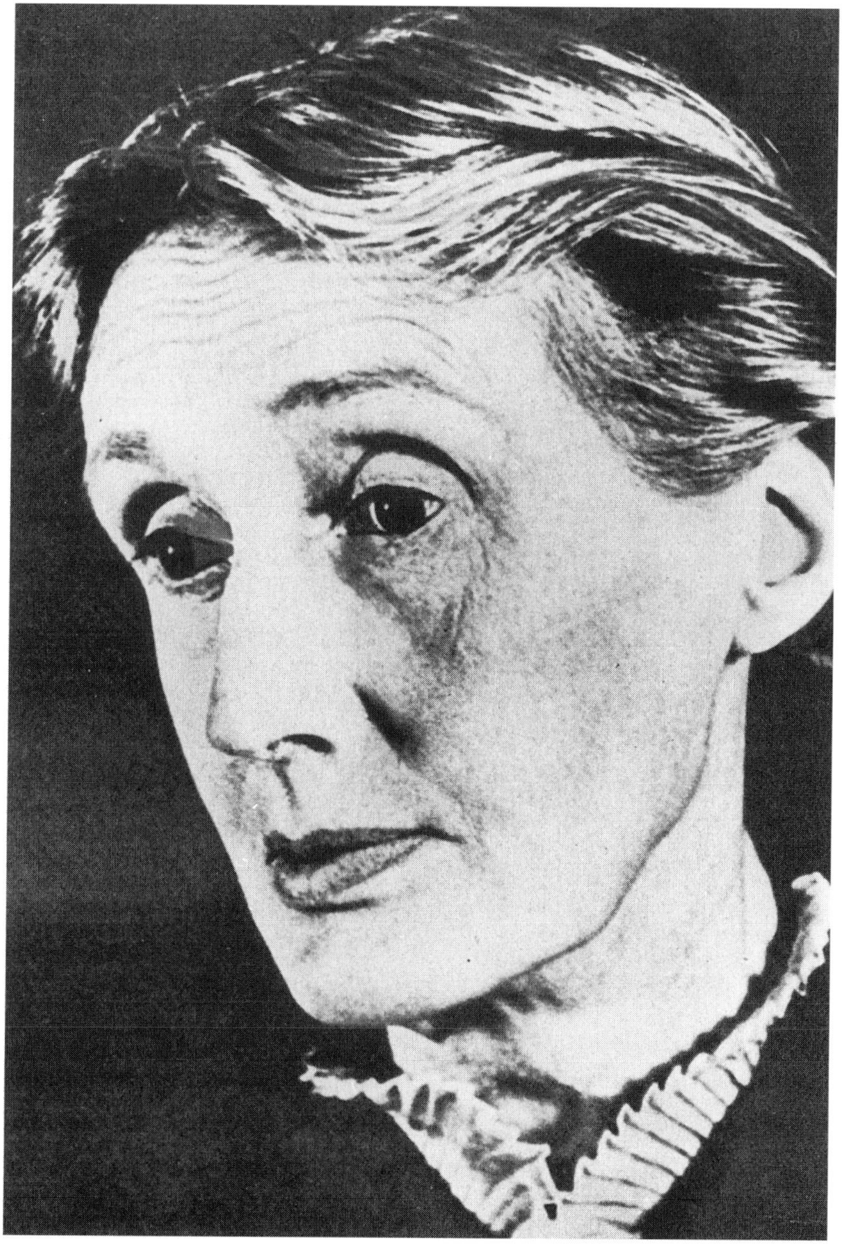

Virginia Woolf, 1939. Foto: Gisèle Freund.

Nach 30 Minuten Backzeit das Brot mit einer Schüssel abdecken, damit die Kruste nicht zu hart wird. Kurz vor dem Ende des Backens die Schüssel entfernen, damit der Dampf entweichen kann und das Brot seine Bräunung erhält. Die Backzeit beträgt ca. 40 Minuten. Wenn das Brot dann beklopft wird, muß es oben und unten hohl klingen.

Innen ist das Brot feucht und aromatisch. Bei Deinem und bei meinem Leben mußt Du schwören, Henri, niemandem zu erzählen, daß ich Kochunterricht bei einer Engländerin genommen habe. Doch ich bin sehr erleichtert, daß ich nun Brot für die Sardinenpaste und den Käse habe.

Unterdessen haben Robert und ich das Kochbuch von Dumas gelesen, obwohl einige seiner Ideen ein wenig – wie soll ich sagen – literatenhaft anmuten. Soweit ich es dem »Grand Dictionnaire de Cuisine« entnehmen kann, betrachtete Dumas das Kochen als eine Art von Zeitvertreib. Wenn er Freunde zum Essen einlud, verbrachte er mit ihnen viele Stunden in der Küche – mit Kochen, Gesang und Unterhaltungen. Was mich betrifft, so könnte ich einer solchen Art von Zerstreuung nichts abgewinnen. Trotzdem kommt er meinen Absichten sehr zupaß, und er verficht bemerkenswerte Ansichten über das Essen.

Dumas' Freunde versicherten ihm, er koche mit der Geschicklichkeit eines Künstlers. (Wahrscheinlich wollten sie mit solchen Schmeicheleien erreichen, erneut von Dumas eingeladen zu werden.) Robert stieß beim Lesen auf einen Brief, den ich Dir mitteilen will. Er stammt von einem der Freunde Dumas', von einem seiner Claqueure:

»Dumas bewies Erfindergeist, Phantasiebegabung und Verwegenheit beim Mischen seiner Zutaten, und er hatte auf seinen Reisen eine Unzahl von Rezepten kennengelernt. Der übersprudelnde Genius meisterte die Küche genauso souverän wie das literarische Leben seiner Zeit. Seine Kochkunst strotzte vor Energie und Temperament. Fleisch und Butter und die feinsten Weine wurden miteinander vermischt, und er bewachte ein halbes Dutzend Saucen im Wasserbad, während er fortwährend Witze riß und laut über sie lachte.«

(Henri, würdest Du nicht auch meinen, daß sechs Saucen für ein Mahl unter Freunden ein wenig übertrieben sind? Was mag er wohl gekocht haben?)

»Des öfteren, ohne die geringste Vorwarnung, stieß er einen melodramatischen Schrei aus, stürzte aus der Küche und verschwand in seinem Studierzimmer. Ihm war die Schlußwendung einer noch unvollendeten Szene eingefallen. Er setzte sich dann an seinen Schreibtisch und nahm den Faden der Geschichte wieder auf, als hätte es nie eine Unterbrechung gegeben. Viele der Gerichte, mit denen er seine Gäste entzückte, waren auf diese außergewöhnliche Art – zwischen zwei spannenden Kapiteln – entstanden, und das Wunderbare an seinem kulinarischen Schaffen war es, daß die Gerichte und ihre Zutaten sich auf rätselhafte Weise seiner zwanglosen und sprunghaften Wesensart anzupassen schienen. Was jedem anderen Koch hoffnungslos mißraten wäre, gelang ihm mit seiner Nachlässigkeit sogar besonders gut.«

Henri, ich bin bestürzt vom Benehmen dieses Mannes. Wie konnte er sechs Saucen unbeaufsichtigt auf dem Herd stehen lassen, während alle seine Gäste in stumpfer Verwunderung erstarrten? Obwohl er mich in gewisser Weise an Dich erinnert, Henri. Ich stelle mir vor, wie Du zwischen Deiner Gattin und Deiner Geliebten hin und her jagst und wie Dir dann plötzlich das Soufflé in der Backröhre einfällt.

Ich blieb zwei Nächte auf, um Dumas' »Grand Dictionnaire de Cuisine« sowie seine Essays über das Essen durchzulesen – mehr als 1500 Seiten Lektüre! – und entschied mich für ein Nudelgericht. (Ich zweifle daran, daß die Académie sein Originalrezept für Hasenbraten nach dem Vorbild des arabischen Lammbratens goutieren würde. Er füllte den Hasen mit Kräutern und ließ ihn zwei Tage lang, bis zum Einsetzen des Verwesungsgeruchs, abhängen, dann briet er das Tier mitsamt dem Fell.) Hier ist sein Rezept für Nudeln, die ich in Butter schwenken würde, in geriebenem Gruyère und Parmesan zu gleichen Teilen und vielleicht ein wenig Räucherschinken, wie Dumas es vorgeschlagen hat.

❁ Nudeln Dumas

NACH DEM »GRAND DICTIONNAIRE DE CUISINE« VON ALEXANDRE DUMAS, 1873

Ein Nudelgericht deutscher Herkunft. Wer die Nudeln selbst bereiten will, statt sie fertig zu kaufen, nehme 1 Pfund Mehl, 4 oder 5 Eidotter, ein wenig Salz und Wasser und knete es gründlich zu einem festen Teig, der in 5 mm Dicke ausgerollt und in Streifen geschnitten wird. Mit Mehl bestreuen, damit die Nudeln nicht aneinander kleben, in eine zum Sieden gebrachte Bouillon werfen und eine Viertelstunde lang kochen lassen. Zur Färbung 1 El. Bratensauce oder Karamel oder Safran zugeben. (Wenn befürchtet wird, daß die Nudeln beim Kochen zerfallen, können ganze Eier statt der Eidotter verwendet werden.)

Dies ist ein gutes Rezept.

Ich habe unseren Chef Daugnin dabei ertappt, daß er nach der Zubereitung der Sauce hollandaise das Eiweiß an eine Konditorei verkauft hat. Er hat außerdem Aspik vom Bratensaft gestohlen und an die Fleischerei weiterverkauft. Ich habe seine Vergehen Robert gemeldet, dessen Vater sich nach wie vor weigert, etwas gegen Daugnins Mißbrauch meiner Küche zu unternehmen. Meine Hoffnung, befördert zu werden, stützt sich einzig darauf, daß es mir gelingt, das Goncourt-Geschäft unter Dach und Fach zu bringen.

Soviel für heute, mein Freund. Laß von dir hören. Ich habe ein wenig Geld beigelegt, um Deine Ausgaben zu ersetzen. Richte Pomme aus, daß ich eine gute Stellung in unserer Küche für sie finde, wenn sie hier ihre Lehre antreten will.

Étienne

10. Juni
M. Étienne Sansigne
Chez Robert
Paris

Lieber Sansigne,
gestern hat die Londoner Sektion der Dickens Society bei uns diniert. Olivia, die ihrerseits Mitglied der Ladies' Literary Society ist, versichert mir, daß der englische Schriftsteller mit den besten Anregungen Charles Dickens sein muß, da er so zartfühlend über hungernde Kinder schreibt und – anders als die meisten Engländer – die Bedeutung einer guten Ernährung zu schätzen weiß. Wenn Olivia seine Romane liest, muß sie stets weinen.

Alexandre Dumas, um 1868. Foto: Pierre Petit.

Sie ist ein so sensibles Wesen, Sansigne, und ich sonne mich in ihrer Zuneigung.

Virloguez hat für den Abend einen ganz besonderen Champagner-Punsch vorbereiten lassen, nach einem Rezept von Dickens, das uns der Sekretär der Society mitgeteilt hat. Ich habe es für Dich abgeschrieben. Übrigens, dürfen wir auf eine weitere Lieferung der Gänseleberpastete hoffen? Deine erste Sendung habe ich in einem Anfall gefräßigen Entzückens vertilgt. Olivia hatte nie zuvor eine so feine Pastete gekostet, und so ließen wir uns hinreißen. Jetzt ist für Geneviève oder Pomme nichts mehr übrig. Bitte verzeih, lieber Sansigne, daß ich Dir solche Mühen bereite. Aber die Pastete war einfach zu köstlich, und für einen Moment gab sie mir das Gefühl, wieder in Paris zu sein.

❁ Champagner-Bowle Charles Dickens

NACH »HARPER'S MAGAZINE«, MAI 1922

In einen großen Krug 4 Stück Zucker und die dünne Schale einer Zitrone geben. 1 Flasche Champagner und 1 ½ Glas Sherry hinzufügen. Gut umrühren und mit Eis auffüllen. Ist Borretsch zur Hand, ein gutes Bündel davon hineinstecken wie einen Blumenstrauß. Vor dem Servieren gut umrühren. Höchstens eine Viertelstunde vor dem Servieren zubereiten.

Dieses Getränk wird Dir ein paar leichtverdiente Punkte einbringen, mein Freund.

Dank Dir für die zusätzlichen Forschungsgelder. Obwohl ich mich einer recht guten Stellung beim Savoy-Hotel erfreue, läßt die Bezahlung einiges zu wünschen übrig. Wenn auch mir eine Beförderung winken würde, nun, das wäre etwas anderes. Manchmal bin ich schon sehr entmutigt, wenn einer meiner Kollegen atemlos von seiner Ferienreise nach Gex zurückkehrt, wo ihm ein so aufsehenerregendes Rezept eingefallen ist wie Neige au Cliquot – ein Sorbet aus Sahne und dem (ausschließlich!) 1906er Jahrgang der Witwe – oder Flußkrebs mit Gänseleberpastete. Er glaubt dann, er wäre der direkte Nachfolger von Virloguez. Wir haben eben alle unseren Ehrgeiz, mein Freund.

Geneviève hat mir gestanden, daß sie sich bei ihrem letzten Besuch der Bibliothek ablenken ließ und an alte Tagebücher geraten ist. Du solltest Gott dafür danken, denn in einem dieser Bücher fand sie die Beschreibung des Grasmere-Ingwerkuchens, den ein englischer

Schriftsteller, William Wordsworth, so sehr schätzte. Der Ingwerkuchen ist ein wenig trocken und krümelig. Ich hoffe, das Rezept eignet sich für die Académie.

❁ Grasmere-Ingwerkuchen

NACH »THE OBSERVER GUIDE TO BRITISH COOKERY« VON JANE GRIGSON, 1984

½ Pf. Weizenmehl oder feines Hafermehl oder beides zu gleichen Teilen
¼ Pf. brauner Zucker
2 Tl. Ingwer
¼ Tl. Backpulver
½ Pf. zerlassene Butter

Die trockenen Zutaten vermischen und mit der zerlassenen Butter zu einem Teig binden. Ein Backblech mit Pergamentpapier belegen und die Masse zu einer 5 mm dicken Schicht ausrollen. Bei 170 Grad 30 bis 35 Min. goldbraun backen. In längliche Stücke schneiden, aber zum Abkühlen auf dem Blech belassen.

Der Bibliothekar meinte, daß die Frau, die den Haushalt versah – ich glaube, sie hieß Dorothy –, wahrscheinlich feines Hafermehl genommen hat, weil Weizenmehl damals ein Luxus war.

Geneviève hat es langsam satt, meine kulinarische Muse zu sein. Ich glaube, für eine Weile muß ich ihr ein wenig mehr Aufmerksamkeit schenken. Wie Du weißt, Sansigne, brauchen Frauen gelegentlich ein paar Zärtlichkeiten, damit sie treu und ergeben bleiben. Sie warten nur auf die Gelegenheit zu zeigen, wie sehr sie Dich lieben. Eine kurze Trennung von Olivia würde der Affäre zudem zusätzliche Spannung verschaffen. Natürlich habe ich es so eingerichtet, daß ihr Vater nichts von unserer geheimen Liaison erfährt. Er würde mich sofort entlassen, wenn er wüßte, daß ich seiner Tochter das Herz gestohlen habe. Ich halte sie auch von Pomme fern. Beide sind im gleichen Alter, und Olivia könnte weniger diskret sein, als ich es wünsche.

Olivia hat vorgeschlagen, Du solltest Dir die Werke zweier englischer Tagebuchschreiber aus dem 17. Jahrhundert ansehen, die sie in der Schule behandelt hat: John Evelyn und

Samuel Pepys. Da könnte etwas für Dich zu finden sein, meint sie. Ich bin gespannt auf Deine Fortschritte.

Henri

16. Juni
Mr. Henri Bouquin
Savoy-Hotel
London

Lieber Henri,
Dank Dir für Deine Mitteilungen über den Ingwerkuchen. Von einem Wordsworth habe ich noch nie gehört, aber das Rezept kann ich gut gebrauchen.

Olivias Hinweis auf Monsieur Pepys jedoch war falsch. Nur unter größten Schwierigkeiten konnte ich eine Übersetzung seiner Werke ausfindig machen. Oh, là là, Henri, so viele Bände, und alle in einer so komplizierten Sprache! Nach vielen Stunden der Suche fand sich nichts als ein paar Bemerkungen über das Verkosten von Tee und Kaffee sowie eine endlose Prozession von Pasteten, aber kein einziges Rezept. Er erwähnt lediglich, daß er beim großen Brand von London eine Kiste mit Wein und einen Laib Parmesankäse in seinem Garten vergrub, um diese Schätze vor den Flammen zu retten. Nun sag mir, was ich servieren soll! Geräucherten Parmesankäse? Olivia könnte mit ihren Ratschlägen wirklich behutsamer umgehen.

Du wirst sicher zustimmen, daß Olivia mich eine Menge meiner wertvollen Zeit gekostet hat. Dennoch bin ich bereit, ihr zu vergeben, denn der andere Bursche, John Evelyn, wußte sehr viel über seine Salate mitzuteilen. Er züchtete seine Kräuter und Gemüse selbst und schrieb endlos darüber, und er erfand ein aromatisches Salat-Dressing, das ich verwenden werde.

❈ Salat-Dressing

NACH »ACETARIA« VON JOHN EVELYN, 1699

Das Öl sei glatt, leicht und gefällig der Zunge, zu mildern die Säure des Essigs und ihm doch die Hitze zu belassen. Es ist gar weniges vom Öl vonnöten, eine reiche Menge von Salatkräutern sattsam zu durchtränken.

Vom Essig sei's der beste Wein-Essig, ob destilliert, ob sonst gewürzt und imprägniert mit Holunder, Nelken, Rosen, Rosmarin und Kapuzinerkresse.

Als Salz genüge nur das beste Seesalz, reinlich, hell und trocken.

Der Zucker (auch Indisch Salz genannt) wird selten im Salat gebraucht, doch sollte er wohlraffiniert sein, weiß, hart und fein im Korn, doch leicht und süß wie der Madeira: nahrhaft, erhaltend, reinigend und ergötzlich im Geschmack; dem Honig fast stets vorzuziehen.

Merke, daß beides, Salz und Essig, der Konstitution gemäß bemessen werden, was auch für die Pflanzen selbst zu sagen ist. Das eine für kalte, das andere für heiße Mägen.

Merke ferner, daß der Mostrich (eine edle Zutat fürwahr) vom besten Tewksbury sei oder doch bereitet aus den kräftigsten und schwersten Yorkshire-Körnern, mit Essig zu einem Brei vermischt und Raspeln von Meerrettich versehen. Schneide alsdann eine Zwiebel und tue sie in ein irdenes Gefäß mit engem Hals oder ein solches aus dickem Glas, leere den Mostrich darüber und verschließe es mit einem Kork. Dort verwahre den Geschmack und den Duft der gestoßnen Senfkörner im wohlverschloßnen Glase und genieß ihn frisch, wann immer du begehrst.

Der Pfeffer (ob weiß, ob schwarz) sei nicht zu fein zerstoßen, was, wie wir warnten, sehr von Schaden wäre.

Von anderen Zutaten und Würzen, die den Salat bereichern, seien, wie schon zuvor, Orangen- und Limonenschalen genannt, die, vermehrt durch Jamaika-Pfeffer, Wacholderbeeren etc., von vorzüglicher Wirkung sind.

Und siebentens, nimm die Dotter frisch gelegter Eier, koche sie mäßig hart und verrühre und vermenge sie mit dem Mostrich, Öl und Essig, und schneide weitere in vier Teile und verspeise sie mit den Kräutern.

Ich habe nahezu alle Ersparnisse auf mein Vorhaben verwendet. Die Taxitarife sind soeben wieder erhöht worden, und mir bleibt keine andere Wahl, als zum Markt meiner Wahl, der am anderen Ende der Stadt liegt, zu Fuß zu gehen. Aber das hat sich bereits zum Glücklichen gewendet. Denn auf dem Weg dorthin fand ich eine Fromagerie, und in ihr entdeckte ich, was ich als Vorspeise servieren werde. Das Rezept stammt von einer unserer Schriftstellerinnen, die das Geheimnis und die Kunst des Kochens mit der Seele erfaßt hat. Doch möchte ich Dich mit den Details nicht belasten.

Dein Freund
Étienne

25. Juni

Cher Sansigne,
Olivia hat die Schule mit sechzehn Jahren abgeschlossen und einen ernsten Fehler begangen, indem sie Dich auf Pepys verwies. Auf jeden Fall aber hast Du ihr das Salat-Rezept zu verdanken, also sei nicht zu hart zu ihr, ist doch ihr Beitrag aus Deinem Vorhaben nicht mehr wegzudenken.

Aber, Sansigne, warum diese zweite Kränkung? Warum verschweigst Du mir das Rezept für die Vorspeise? Du mußt es mir mitteilen. Wie sonst soll ich Dich bei der Auswahl der Weine beraten, die Dein Mahl begleiten sollen? Ich hatte schon den Vorsatz gefaßt, unseren Weinkellner um Rat zu fragen, und es ist weiß Gott nicht einfach, mit ihm zu sprechen. Ich bin gekränkt.

Bouqin

30. Juni
M. Henri Bouqin
Savoy-Hotel
London

Lieber Henri,

ich bedaure sehr, Dich gekränkt zu haben. Bitte verzeih mir. Ich bin besessen von dem Gedanken an meinen Triumph, der so nahe vor mir liegt, daß ich seine süßen Früchte schon zu schmecken glaube und an nichts anderes denken kann. Ich habe Dir mit einer nervösen Hast geschrieben, die mich unaufmerksam gegen Deine Gefühle machte. Du hast recht. Ich hätte Dir das Rezept für die Vorspeise mitteilen müssen, denn Du hast mein Vorhaben von Anfang an begleitet. Bitte nimm meine aufrichtige Entschuldigung entgegen!

Beim Einkauf letzter Woche fragte mich der fromagier, warum ich so düster blickte. Ich erklärte ihm, daß mir die Vorspeise für ein äußerst wichtiges Mahl fehlte und mir nur noch wenige Tage Zeit blieben. »Suchen Sie nicht länger«, sagte der Mann. »Vor etlichen Jahren hat Colette bei mir gekauft, eine Frau mit den verwöhntesten Ansprüchen. Sie verbrachte viele Stunden in meinem Geschäft und hat die Käsesorten so sehr befingert und bearbeitet, daß ich sie anfangs davon abhalten wollte. Aber Madame war sehr resolut, und als ich bemerkte, daß sie mit Käse umgehen konnte, verstanden wir uns wie alte Bekannte. Meiner Frau hat sie viele Rezepte gegeben, und ich will sie um Rat fragen.«

Ich bezahlte den guten Mann für sein Versprechen, und er bat mich, am nächsten Tag wiederzukommen. Henri, er hat mir das Leben gerettet, und ich habe gelobt, Colettes Bücher zu lesen, sobald ich es kann. Er gab mir ein ungewöhnliches Rezept, eine unorthodoxe Methode, Rascasse zu bereiten, jenen Stachelfisch, von dem ich bisher glaubte, er wäre nur für die Bouillabaisse geeignet. Ich habe das Rezept probiert, das Colette einst in einem Landgasthaus kennenlernte, wo ihr dieser köstliche Fisch im Sommer unter Bäumen serviert wurde, eine Huldigung an die provençalische Küche.

❁ Poisson de Colette

NACH »LA TREILLE MUSCATE« VON COLETTE, 1932

Du hast ein Feuer aus Lorbeer- und Mandelzweigen entfacht, dazu aus Kiefernzweigen, von denen der Harz in goldenen Tropfen rinnt, und die Flamme brennt stetig und sacht. Du hast einen ansehnlichen Mittelmeerfisch zur Hand genommen, von Eingeweiden befreit und gesäubert: den furchterregenden Stachelfisch Rascasse mit dem Haupt eines Drachen. Du hast es nicht versäumt, ein wenig Schweinefett auf dem Fisch zu verreiben.

Tauche die Kräuter, die du zum Strauß gebunden hast – Lorbeer mit Minze, Pebreda, Thymian, Rosmarin und Salbei – in eine Mischung aus dem besten Olivenöl und aus Weinessig. Nur der süße rote Essig kommt in Frage. Sei nicht so naiv zu glauben, wir würden den Knoblauch auslassen. Er wird zerstampft, bis er cremig ist, und er wird die Tunke bereichern. Salz – ein wenig, Pfeffer – gerade genug.

Der Fisch, geweiht mit dieser Sauce, wird über Flammen gegrillt, die nur wenig mehr als Glut sind, und ein leichter, kaum sichtbarer Rauch trägt dir den Duft der brennenden Seele des Waldes zu. Das Grillen ist eine Sache der Erfahrung und der Intuition. Wenn du nicht über ein wenig Hexerei verfügst, wird deine Mühe vergeblich sein.

Wird der Fisch gar, bleibt er fest; seine knusprige Haut verbirgt ein weißes Fleisch, in dessen Geschmack das Meer nachklingt. Wenn die harzduftende Nacht sich herabsenkt und der Rotwein in deinem Glase im Schein der Lampe funkelt, gedenke mit einem Schluck dieses glücklichen Moments.

Lebewohl, mein Freund. Ich bin überwältigt von meiner Entdeckung. Wenn wir uns wiedersprechen, werde ich hier der Chef sein, und ohne Dich wäre mir das nicht vergönnt gewesen.

Étienne

5. Juli
Hausmitteilung
an: Küchenchef Virloguez
von: Henri Bouquin
betrifft: Vorschlag für den 25. Jahrestag
der Ladies' Literary Society im
Savoy-Hotel

Vergeben Sie mir meine Anmaßung, aber die Musen der Dichtung im Verein mit den Musen, die unseren großen Gründungschef, Monsieur Auguste Escoffier, inspirierten, verpflichten mich, Ihnen diesen Vorschlag zu unterbreiten. Im Gedanken an dieses Festessen – das 25. Jubiläum der Ladies' Literary Society – nehme ich mir die Freiheit, meine Ideen niederzulegen, in der Hoffnung, daß sie in Ihre Entscheidung einfließen werden. Die Gerichte huldigen einigen der bedeutendsten Schriftsteller der Welt. Da die Gesellschaft gegenwärtig Dumas »Der Graf von Monte Cristo« liest, werden die Damen mit Vergnügen ein Gericht verzehren, das seiner Anregung zu verdanken ist. Die Speisenkarte bietet ein Erscheinungsbild, das dem Ruf des Hauses Savoy gerecht wird.

Literarisches Bankett anläßlich des 25. Jahrestages der
Ladies' Literary Society

Salat und Dressing nach John Evelyn
Virginia Woolfs Hüttenbrote
Sardinenpaste nach Balzac
Stachelfisch Colette
Nudeln nach Dumas
Ingwerkuchen nach Dorothy Wordsworth
Champagner-Bowle nach Charles Dickens
Geräucherter Parmesankäse nach Pepys
Kaffee Balzac

In der Hoffnung, daß Sie meine bescheidenen Vorschläge in Betracht ziehen werden,

Henri Bouquin

5. Juli
M. Henri Bouquin
Savoy-Hotel, London

Cher Henri,
ich bin verzweifelt. Alles ist verloren. Eine völlig unerwartete Katastrophe ist geschehen, die alle meine Mühen zunichte macht. Der Tag begann wie immer – ein früher Gang zum Markt und dann in die Küche. Ich prüfte die Bestandsliste, um zu sehen, ob wieder Wein fehlte, und dann wartete ich auf Nachrichten von der Académie. Mitten hinein in die Tagträume von meiner Beförderung platzte Robert, und sein Gesicht bot ein Bild des Elends. Ich wußte, während in mir alles zusammenbrach, wie ich seine Leichenbittermiene zu deuten hatte, und ich tat mir selbst mächtig leid.

Die Académie Goncourt hat unser Menü als unakzeptabel erklärt. Den Ablehnungsbrief habe ich für dich abgeschrieben:

Werter M. Robert Perdant!
Obwohl wir Ihre originelle Idee begrüßen, die Speisen der großen Schriftsteller unserer Zeit zusammenzustellen, können wir eine solche Speisenfolge im Rahmen unserer Zusammenkünfte nicht akzeptieren, und das aus mehreren wichtigen Gründen.
Das Rezept, das Sie von Alexandre Dumas d. Ä. vorlegen, ist problematisch. Dumas nahm für sich in Anspruch, ein bedeutender Koch zu sein, doch gibt es leider kaum Beweise, die diese Behauptung stützen könnten. Hätten Sie gründlich genug geforscht, wäre Ihnen nicht entgangen, daß sein Kochbuch bei seinem ersten Erscheinen nur die beiläufige Beachtung der literarischen Öffentlichkeit gefunden hat. Zu Lebzeiten wurde Dumas wiederholt des Plagiats bezichtigt (seine Produktivität läßt kaum einen anderen Schluß zu), und das läßt uns auch an seinem Tun in der Küche zweifeln. Ganz persön-

lich haben wir gegen ein gelegentliches Nudelgericht natürlich nicht das geringste einzuwenden, aber das tut nichts zur Sache.

Colette war durchaus eine der bedeutenden Schriftstellerinnen der Académie. Aber es kann nicht angehen, daß wir ein Mitglied in dieser Weise würdigen und alle anderen ignorieren. Zu unserer Verwunderung verzeichnet Ihre Liste lediglich die Namen britischer oder französischer Autoren. Anfangs hielten wir dies für ein Versehen, doch dann konnten wir uns der Erkenntnis nicht länger verschließen, daß es sich hier, zu einem Zeitpunkt, da Frankreich die Bildung einer europäischen Gemeinschaft forciert, um eine klare politische Absicht handelt. Hätten Sie nicht zumindest einen italienischen oder deutschen Autor berücksichtigen können? Oder einen spanischen?

Schließlich, und dies ist vielleicht der gewichtigste Grund, können wir keine Beziehungen zu Personen pflegen, die die Aufgaben der Académie, wie sie im Vermächtnis Edmond de Goncourts niedergelegt sind, so tief verkennen. Unser Ziel ist es, nicht nur literarische Leistungen, sondern auch den Geist der Unabhängigkeit der Literatur zu fördern. Indem Sie die Literatur auf ein bloßes Menü reduzieren, schmälern Sie, wie wir glauben, unser öffentliches Wirken. Wir haben daher beschlossen, die Beziehungen zum Restaurant Drouant fortzusetzen.

Hochachtungsvoll
Der Sekretär der Académie Goncourt

Nun, Robert hat das nicht so leicht hingenommen. Er stürmte zurück zur Académie, um unsere Sache zu verfechten. Er wußte, daß Dumas seine kulinarische Integrität unter Beweis stellte, indem er alle, die ihn des Plagiats in der Küche bezichtigten, aufforderte, ihm beim Kochen zuzuschauen. Unter Zeugen bereitete Dumas ein kompliziertes Menü, bestehend aus einer Kohlsuppe, gedünstetem Karpfen, Hammelragout à la Hongroise, geröstetem Fasan und einem japanischen Salat.

Doch alle Bemühungen blieben erfolglos. Während der Auseinandersetzung mit dem Sekretär gewann Robert den festen Eindruck, daß unser Menüvorschlag die eigentlichen Mitglieder der Académie überhaupt nicht erreicht hat und die ganze Sache der Laune einer einzelnen Person entstammt, nämlich der des Sekretärs.

Henri, aus Gründen der Ehre habe ich mich vom Restaurant getrennt. Roberts Vater hat beschlossen, daß er nach dieser gewaltigen Verschwendung von Zeit und Mitteln das Restaurant wieder unter seine Aufsicht stellen wird und seinem Sohn stärker auf die Finger schauen will. Ich nehme an, daß ich Paris verlassen muß. Die Beschämung darüber ist schwer zu ertragen. Glaubst Du, daß es bei Dir am Savoy etwas für mich zu tun gibt?

Dein Freund
Étienne

20. Juli

Cher Sansigne:
Dein Unglück hat mich sehr getroffen.

Auch von Pomme gibt es schlechte Nachrichten. Jeremy hat sie wegen einer anderen Frau verlassen und möchte sie nie wieder sehen. Mit kalter Wut geht sie durch die Küche, ihr Blick ist grimmig und entschlossen. Das letzte Mal, daß sie sich so aufführte, hatte ein Hotelgast mit ihr geflirtet und behauptet, sie führe eine blutleere Existenz. Ich nehme an, es war ein Scherz, doch Pomme empfand es als eine tiefe Kränkung. Als der Gast wieder im Hotel wohnte, erkrankte er an einer rätselhaften Lebensmittelvergiftung. Ich denke, es ist das beste für Pomme, wenn sie London so schnell wie möglich verläßt. Ich habe ihr ein Ticket besorgt, und sie wird in der nächsten Woche in Paris eintreffen, um ihren Artikel für »Culture and Cuisine« zu beenden. Ich baue darauf, daß Du Dich in dieser für sie schwierigen Zeit um sie kümmerst. Veranlasse sie zu langen Spaziergängen durch die Stadt. Laß sie ein wenig aus sich herauskommen.

Was mich betrifft, so wurde ich wegen eines speziellen Diners, das ich letzte Woche kreierte, befördert. Virloguez hat mir mit sofortiger Wirkung die Ausrichtung aller besonderen Bankette übertragen, eine Ehre, die ich mit Freuden entgegennehme. Da nun die Forschungen für Dein Projekt vorüber sind, kann ich wieder mehr Zeit mit Olivia verbringen. Geneviève hat Vergnügen an ihren Ausflügen zur Bibliothek gefunden, und ich beabsichtige, ihr hin und wieder kleine Forschungsaufträge zu erteilen. Deine Ideen waren gut, mein lieber

Sansigne, aber leider waren sie falsch plaziert. Hat denn Robert nie überprüft, was es mit dem Interesse der Académie auf sich hatte? Nun ja, jetzt weißt Du, wohin blinder Ehrgeiz führt. Hüte Dich vor Narren und vor Nutznießern, Sansigne!

Leider ist zur Zeit am Savoy alles voll. Ich werde Dich aber benachrichtigen, wenn eine Stelle frei wird.

Dein Henri Bouquin

3

Die Geselligkeit der Literaten

Der Kaffee und das Geistesleben

BEITRAG VON POMME BOUQUIN FÜR DIE ZEITSCHRIFT »CULTURE AND CUISINE«

Denn die Atmosphäre eines rechten Cafés erfordert diese Qualitäten: Kameradschaft, Befriedigung des Magens und eine gewisse Fröhlichkeit und Grazie ... Dort konnte man, wenigstens für ein paar Stunden, das tiefe, bittere Wissen um die eigene Wertlosigkeit beiseite legen.
CARSON MCCULLERS
»DIE BALLADE VOM TRAURIGEN CAFÉ«

Oft habe ich tief in meine Tasse Kaffee hineingeschaut und davon geträumt, daß die Geschichte der Menschheit in diesem Moment in meiner Hand liegt. Unter der glatten Oberfläche spielen sich bösartige Gefechte um neue Handelsstraßen und um die beherrschende Stellung im Kaffeehandel ab, plötzliche Begegnungen zwischen Kulturen, die einander fremd sind und im Zeichen der Kaffeebohne kämpfen und sterben, märchenhafte Karrieren von Händlern und Abenteurern, deren verlassene Ehefrauen für immer auf sie warten.

Wer lieber Tee trinkt, wird ähnliche Geschichten in seiner Tasse entdecken. Von der Cutty Sark, die nach ihrer Fahrt durchs Südchinesische Meer nach London heimkehrt, von europäischen und amerikanischen Händlern, die Opium geladen haben, um sich die chinesischen Seehäfen zu eröffnen, von Kaufleuten, die ihre Kinder zu Geldheiraten zwingen, und von Schmugglern, die ihre Kundschaft mit steuerfreiem Tee beliefern. Wem der Sinn nach dem samtigen Geschmack der Schokolade steht, möge erfahren, daß der luxuriöse Trank Tausende von Leben forderte, geopfert für die fette Kakaobohne, möge die Geschichte der spanischen Conquistadores hören, die von den Azteken das Gold holten und die Schokolade gleich mitnahmen.

Kaffee, Tee und Schokolade erzählen auch die Geschichten der Schriftsteller. Schauen Sie tiefer in Ihre Tasse und suchen Sie dort unten in der Wärme das kleine Kapitel der Literaturgeschichte auf, die Geschichte des literarischen Lebens in den alten Londoner Kaffeehäusern und den Pariser Cafés.

Die Kaffeehäuser von London

Man stelle sich den Schrecken von James Farr vor, als er 1657 vor dem Magistrat von St. Dunstan stand und die Anklage wegen Erregung öffentlichen Ärgernisses vernahm. »Wir erheben Anklage gegen James Farr, Barbier und Eigentümer des Rainbowe Coffee House auf der Fleet Street, wegen Verfertigens und Verkaufens eines Getränks mit dem Namen Kaffee und wegen der Belästigung der Nachbarn mit üblen Gerüchen während der Verfertigung desselben, wegen Unterhalts eines Feuers des Tages und des Nachts, wobei sein Rauchfang und Kammer Feuer fingen zur schweren Gefährdung und zum Erschrecken seiner Nachbarn.«

Das Kaffeehaus von James Farr war das zweite, das in London eröffnet wurde. Drei Kläger, allesamt Buchhändler, brachten vor, daß sein Röstofen feuergefährlich sei. Das Bündnis von Kaffee und Literatur nahm also einen denkbar schlechten Anfang, doch die Sorge der Buchhändler war nicht unbegründet. Neun Jahre später brach das große Feuer von London in der Pudding Lane aus, mit größter Wahrscheinlichkeit in einer Bäckerei. Es wütete fünf Tage lang und zerstörte die Viertel der Reichen und die Viertel der Händler, praktisch alles zwischen Temple und Tower. Das Rainbowe Coffee House blieb verschont.

Anfangs erschien der Kaffee den Engländern exotisch, und sie debattierten über seine Vorzüge und seine Zubereitung. Handzettel priesen »Die Taugsamkeit des Kaffee-Trunks, zuerst verfertigt und öffentlich verkauft in England von Pasqua Rosee« und die wohltuende Wirkung auf Verdauung, Augenleiden, Gicht, Wassersucht, Skorbut, Melancholie, hypochondrische Blähsucht und Schläfrigkeit. Ein rivalisierendes Flugblatt, *Eine Breitseite gegen den Kaffee*, verspottete Rosees zügellose Versprechungen:

»... Sie behaupten frech, daß er nicht brennt,
obwohl der Richter längst die Blasen kennt,
die hitzig wüten, auf daß das Wasser sprudeln tut
in den Töpfen – und aus den Augen genausogut.
Abscheu und Gier, du verfällst ihm, eins, zwei, drei
wie ausgehungerte Hunde dem heißen Brei.
Man sagt, er könnt die Säufer von der Trunksucht heilen.
Doch tut's nicht auch ein guter Haferbrei derweilen?«

Während die Türken damals ihren Kaffee mit Zimt, Nelken und Ambra würzten und die gemahlenen Kaffeebohnen gründlich kochten, hatten die Engländer andere Methoden: Oft kochten sie den Kaffee mit Kandiszucker und manchmal auch mit Senf.

❁ Süßer Kaffeebrei

EIN REZEPT VON 1657

Nimm Butter und Salatöl gleicher Menge, erwärme dies in einem Topfe, doch ohne es zu kochen, und rühr gut um, damit sich beides bindet. Da hinein ein Dreifaches an Honig, laß ihn schmelzen und rühr gut um. Da hinein sodann gemahlen türkisch Kaffee – so macht man einen dicken Kaffeebrei.

Ein anderes Rezept erforderte Haferschleim, Ale oder Wein, Ingwer, Honig oder Zucker sowie Butter – Zutaten, die das Aroma des Kaffees eher überlagerten denn unterstrichen. Die Butter erscheint auf den ersten Blick ziemlich fettig, doch denken wir nur an die beträchtlichen Mengen fetthaltiger Kondensmilch oder Sahne, die wir heutzutage in den Kaffee schütten. In den Kaffeehäusern wurde auch Schokolade serviert, ein Getränk, dem das Fett der gerösteten Kakaobohnen eine zähflüssige Konsistenz verlieh.

Der erste Schluck Kaffee meines Lebens war eine Enttäuschung, denn der verführerische Duft wurde von einem bitteren Geschmack Lügen gestraft. Samuel

Pepys schrieb über seine erste Kaffeeprobe gegen Ende des 17. Jahrhundert; auch er fand das Getränk befremdend und bitter, doch kam bald auf den Geschmack. Der Besuch der Kaffeehäuser wurde zu einem festen Bestandteil seines gesellschaftlichen und beruflichen Alltags. Für zwei Pennies konnte er sitzen und trinken, solange er mochte. Stellen Sie sich vor, im Jahre 1667 mit Pepys in einem Kaffeehaus zu sitzen und seiner Erzählung vom großen Feuer zu lauschen, wie die Feuerwalze immer näherkommt und dann wie durch ein Wunder vor seinem Haus haltmacht. Wenn Sie Kaffee mit ihm trinken, könnten Sie eine Fleischpastete oder Sorbet bestellen, statt dessen auch Ale, Tee oder Schokolade. Treffen Sie ihn im Ale-Haus, werden Sie wahrscheinlich Speisen probieren, die den Durst anregen, wie Anchovis, Schinkenstreifen, Dorschrogen, Garnelen, geschabtes Rindfleisch, gerösteter Käse, Branntweinrosinen und saurer Hering.

Oder sagen wir, Sie sind ein angehender Schriftsteller des 18. Jahrhunderts und besuchen das Chapter Coffee House, eins von 2000 derartiger Etablissements in London, um Beziehungen zu Buchhändlern und Verlegern anzuknüpfen. Sie würden auch mal bei Button's, bei Will's oder Tom's in der Great Russell Street vorbeischauen, den großen Geistern der Saison zuhören und, wie Jonathan Swift feststellte, mit Unsinn angefüllt nach Hause gehen.

In seinen *Anregungen zu einem Essay über das Gespräch* machte sich Swift über die Dünkelhaftigkeit der Kaffeehaus-Literaten lustig:

»Und in der Tat, die ärgste Unterhaltung, die ich je gehört zu haben mich entsinne, fand statt in Will's Coffee-house, wo die Geistigen (wie man sie nannte) sich einst zu sammeln pflegten; welches meint, fünf bis sechs Herren, die Stücke verfaßt oder zumindest Prologe dazu oder Miszellen für ein gelehrtes Buch, saßen daselbst und ergötzten sich an ihrem eitlen Gewäsch, und machten dazu so bedeutende Miene, als wären sie der Menschheit edelstes Produkt, als stünd das Schicksal ihrer Königreiche auf dem Spiel; und für gewöhnlich lauschte ihnen tief ergeben eine Schar von Schülern aus der Advokateninnung oder von den Universitäten, die aus gebührender Distanz die Weissagungen vernahm und darauf voll Verachtung für Jurisprudenz und Philosophie heimwärts schritt, die Köpfe angefüllt mit Plunder, genannt Kultur, Kritik und Schöne Künste.«

Wenn Sie das Glück haben, auf Jacob Tonson, den Verleger von Shakespeare und von Miltons *Verlorenem Paradies* einen Eindruck zu machen, wird er Sie zu einem Mahl im Kit-Kat Club einladen, der sich im Haus von Chris Kat befindet. Als Gegenleistung für Speis und Trank werden Sie, wie es der Brauch ist, dem Verleger eine erste Ablehnung Ihres Werkes zugestehen. Kat, ein Bäcker, ist berühmt für seine Kat-Pasteten, die mit gehacktem Lamm, Zucker, Rosinen, Rum, Nüssen und Gewürzen gefüllt sind.

Zu gern hätte ich die Schriftsteller in die Kaffeehäuser begleitet, doch ich wäre ihnen nur als Dienstmädchen willkommen gewesen. Die Männergesellschaft beruhte auf der Kaffeekultur. Schriftsteller, Künstler, Politiker, Gelehrte, Philosophen, Spieler und Schauspieler versammelten sich um dampfende Kaffeetöpfe in ihren bevorzugten Kaffeehäusern, wo sie die Neuigkeiten des Tages mit ihren Freunden austauschten und debattierten. *The Spectator* berichtete über die kulturellen und politischen Ereignisse, wie sie in den Kaffeehäusern verhandelt wurden, und notierte die neuesten Moden, die im Rainbowe getragen wurden – silberne Hosenschnallen unter dem Knie. Während der *Spectator* die Männerwelt solcherart über die neuesten Kaffeehaus-Trends auf dem laufenden hielt, warnte er seine weibliche Leserschaft, die ruhelos das Haus hütete, vor den verderblichen Einflüssen der Schokolade und der Romane.

Joseph Addison, ein klassischer Gelehrter und Dichter, außerdem Mitglied des Parlaments und Mitarbeiter des *Spectator*, besuchte die Kaffeehäuser, um das Spektrum der öffentlichen Meinung zu erkunden. Als England mit Frankreich im Krieg lag und Gerüchte vom Tod Königs Louis XIV. im Frühjahr 1715 London erreichten, startete Addison eine Kaffeehaus-Tour. Im politisch gesonnenen St. James Coffeehouse entdeckte er eine Männerrunde, eng um einen Kaffeetopf geschart, die den Thronfolger in weniger als einer Viertelstunde bestimmt hatte. Addison eilte weiter. Bei Gile's stieß er auf französische Gentlemen, die im Exil lebten und ihre Rückkehr nach Frankreich planten. Bei Jenny Mann verkündete ein junger Mann, daß »der alte Obergauner endlich tot ist« und redete vom Sturm auf Paris. Bei Will's malten sich die mit literarischen Neigungen gesegneten Gäste wehmütig die wundervollen Elegien aus, die verblichene Autoren wie Boileau, Racine und Corneille auf einen so »bedeutenden Schutzpatron der Gelehrsamkeit« gedichtet hätten. In einem Kaffeehaus der Fish Street erläuterte ein gedankenvoller Mann, daß der Tod des Königs sich günstig auf den Sardinen- und Makrelenhandel auswirken würde. In einem anderen tobte ein Streit, ob der König mit Kaiser Augustus oder eher mit Nero zu vergleichen wäre. Schließlich traf in einem Kaffeehaus in Cheapside die Meldung ein, daß Louis XIV. tags zuvor zur Jagd geritten war und quicklebendig sei. Die Kaffeehaus-Tour wurde durch einen Bericht gekrönt, der am Dienstag, dem 12. Juni 1715, im *Spectator* erschien.

Sichtlich stolz auf seinen Ausflug schrieb Addison: »Ich lege meinen Ehrgeiz darein, als derjenige genannt zu werden, der die Philosophie aus den Kabinetten und Bibliotheken, Schulen und Colleges herausgeholt und in den Clubs und Vereinen, an Teetischen und in Kaffeehäusern heimisch gemacht hat.« Der Mann, der lateinische Verse drechselte und Parlamentsdebatten führte, sah sich also im Grunde seines Herzens als Kaffeehaus-Gelehrter.

Die Kaffeehäuser hatten ihre Blütezeit im 18. Jahrhundert, und zu Beginn des 19. Jahrhunderts wurden sie allmählich von den etwas teureren Clubs, Wirtshäusern und Hotels abgelöst. Doch die Pariser Cafés florierten weiter – als die wichtigsten Schauplätze der literarischen Öffentlichkeit.

Zauber und Ritual – Der Kaffee und die Pariser Cafés

Ich bin dankbar für die einfachen Genüsse: in meinem Lieblingscafé an einer heißen Tasse Kaffee nippen, dem Treiben da draußen zuschauen, Trost finden in der Gesellschaft von Fremden oder Freunden. Aber Cafés haben den Schriftstellern etwas viel Wichtigeres zu bieten als einfache Genüsse. Das Leben im Café ist ein wesentlicher Teil, wenn nicht gar das Herzstück des literarischen Lebens. Dichter brauchen die Einsamkeit, und das Café rettet sie vor der völligen Isolation, indem es ihnen einen billigen und warmen Aufenthalt bietet, Erholung von den Qualen des Schreibens und Gründe, die Arbeit aufzuschieben. Einige

Schriftsteller, unter ihnen Balzac und Stendhal, betrachteten den Kaffee beinahe als Droge, als Mittel zum Wachbleiben und zur Anregung der Kreativität. Stendhal studierte Philosophie und Dramatik in seiner Pariser Mansarde und trank routinemäßig Kaffee, um seine Kunst zu befördern. »Einen Monat lang habe ich jeden Tag mein Täßchen Kaffee getrunken; heute habe ich darauf verzichtet, und ich bin unendlich lebenslustiger, viel mehr auf einer Ebene mit anderen Leuten«, schrieb er am 17. Mai 1805 in sein Tagebuch. »Es hat den Anschein, daß Kaffee den Genius und die Schwermut hervorbringt. Ich habe diese Wirkung – und in meinem Falle ist sie frappierend – schon mehrere Male an mir erfahren.«

Ich stelle mir einen Morgen am Anfang des 19. Jahrhunderts vor, als Balzac mit einem unangenehmen Geschmack im Mund erwacht. Hoffnungslos mit seinem Roman im Rückstand, keine Aussicht, den Termin zu halten. Der Drucker wird zweifellos wieder über das unleserliche Gekritzel des Schriftstellers klagen und ein kleines Vermögen für eine weitere Fahnenkorrektur verlangen, doch – wie immer – auch die allerletzten Korrekturen getreulich ausführen. Nein, das ist nicht Balzacs Sorge. Nachdem er die Nacht hindurch geschrieben und seine Kurtisane – eine Figur in der Blüte ihrer Leidenschaft – mit Fleisch und Blut ausgestattet hat, greift er nach dem Kaffeetopf auf dem Herd, um seine Energien zu einem letzten Kraftakt aufzustacheln, als just die Morgendämmerung über Paris hereinbricht. Katastrophe! Er verschüttet den Kaffee und erstickt das Herdfeuer. Schlimmer noch, nach einer entnervenden Suche in der Speisekammer stellt er fest, daß der Kaffee alle ist. Derweil ihn Erschöpfung überkommt, wird ihm klar, daß er wertvolle Stunden verliert und außerdem den Willen zur Weiterarbeit, solange er keinen frischen Kaffee hat. Die Kurtisane verwelkt auf dem Papier, während Balzac in einen unruhigen Schlaf versinkt, bis der Tag so weit vorgeschritten ist, daß er an die Tür eines Freundes klopfen und ihn darum bitten kann, den Kaffee für ihn zu kaufen. Damit, daß er bei Tage das Haus verläßt, riskiert er zwar, die Aufmerksamkeit seiner Gläubiger zu erregen, doch ohne Kaffee kann er nicht arbeiten. Dann aber ist er wieder am Zuge. Keine Zeit, nicht einmal für seine geliebte Madame Hanska. Sie wird in einem späteren Brief auf ihre Kosten kommen.

»Der Kaffee rinnt hinab in den Magen und setzt alles in Bewegung«, schrieb Balzac.

> *»Die Ideen rücken in Marschsäulen vor wie die Bataillone der Grande Armée. Erinnerungen kommen im Eilmarsch und tragen die Standarten, unter denen die Truppen in die Schlacht geführt werden. Die leichte Kavallerie schwärmt im Galopp aus. Die Artillerie der Logik donnert dahin mit ihren Nachschubwagen voller Geschosse, glänzende Einfälle folgen in die Schlacht wie Scharfschützen. Die Gestalten schlüpfen in ihre Kostüme, das Papier bedeckt sich mit Tinte, die Schlacht hat begonnen, und sie endet in einem Strom schwarzer Flüssigkeit, so wie ein wirkliches Schlachtfeld von Schwaden schwarzen Rauchs aus verschwendetem Schießpulver verhüllt wird.«*

Balzacs Kaffee-Feldzüge erforderten zum mindesten eine halbe Tagesreise durch Paris. Er favorisierte eine Mischung aus drei verschiedenen Bohnen – Mokka von einem Händler in der Rue de l'Université im Faubourg St. Germain, Martinique aus der Rue des Vieilles Audriettes und Bourbon aus der Rue de Montblanc. Alexandre Dumas d. Ä., Balzacs Zeitgenosse, legte in seinem Kochbuch *Grand Dictionnaire de Cuisine* dar, daß Mokka ein kräftiges Aroma und eine tiefe Würze besitzt und gewöhnlich zu gleichen Teilen mit Bourbon-Kaffee gemischt wird. Martinique wird, wie Dumas schreibt, wegen seiner Bitterkeit selten ohne Milch genossen. Im allgemeinen machte sich Balzac nichts aus Milch im Kaffee und bezeichnete die Angewohnheit als lächerlich und ungesund, dennoch nahm er manchmal Café crème oder Espresso mit aufgeschäumter Milch oder Schlagsahne. Balzacs Kaffee erwarb sich überschwengliches Lob; das folgende stammt von Léon Gozlan, seinem Freund und späteren Biographen:

> *»Nach dem Essen tranken wir gewöhnlich den Kaffee auf der Terrasse: Seine Qualität war sprichwörtlich, und ich bezweifle, daß Voltaires Kaffee besser war. Diese Farbe! Dieses Aroma! Er kochte ihn selbst oder überwachte zumindest seine Zubereitung. Es war ein meisterhaftes Gebräu, subtil und göttlich – wie Balzacs Genius.«*

Lassen Sie sich auf Ihrer nächsten Reise nach Paris von Balzac leiten, wie ich es tat. Widerstehen Sie den Verlockungen des Literaturtourismus, der englischspre-

Honoré de Balzac, 1842.

chende Besucher stets zu den von Hemingway frequentierten Cafés führt – zum Café Dôme, wo er seinen Morgenkaffee trank, bis es sich mit lärmenden Menschen füllte, die nur gesehen werden wollten; oder in Le Closerie de Lilas, wo er einen großen Teil von *Fiesta* schrieb und seinem Freund, dem Schriftsteller John Dos Passos, laut daraus vorlas.

Verzichten Sie also auf die Hemingway-Führung, auf der Sie hingebungsvoll seinen Spuren folgen und so tun, als wäre es tatsächlich so gewesen wie in *Ein Fest fürs Leben*, ein ideales Dichterleben – jung, verliebt und in Paris. Daß es eine Caféhaus-Literatur in England und den USA dieses Jahrhunderts nicht gegeben hat, macht seine Geschichte so reizvoll, so ergreifend, so sehr französisch. Aber was Hemingway beschreibt, ist nur das Paris eines Heimatflüchtigen, die Geschichte einiger romantisch-unbekümmerter Amerikaner. Es waren die Jahre, als Hart Crane im Café Select seine – das Mobiliar in Mitleidenschaft ziehende – Auseinandersetzung mit der Polizei hatte, als selbsternannte angelsächsische Literaten sich in einem Café über Sinclair Lewis hermachten, weil er ihnen zu erfolgreich war und Henry Miller in seinem Stammlokal saß und darüber klagte, daß die Huren von Paris das einzige Reine in einer Welt aus stinkendem Abfall seien.

Nein, die Hemingway-Masche hat inzwischen ausgedient. Statt in einem jener Cafés gelangweilt auf den Kellner zu warten, ohne kaum mehr als einen Zipfel vom Leben in den Pariser Literatencafés zu erhaschen, sollten Sie sich lieber Balzacs Kaffee-Expedition anschließen, seiner großen Wanderung durch die Stadt, deren angespannte Dringlichkeit Sie in Spannung versetzen wird. Suchen Sie die Lokale, in denen Voltaire gern saß (der in seinen reiferen Jahren eine Mischung aus Kakao und Kaffee bevorzugte). »Er glaubt, er wäre eine öffentliche Figur, weil er ins Theater geht und in Le Procope verkehrt«, schrieb Voltaire über einen zeitgenössischen Dichter. Le Procope, eines der vornehmsten Cafés in Paris, wurde um 1643 eröffnet. Da es Voltaire und Jean-Jacques Rousseau zu seinen Gästen zählte, hatte es alle Voraussetzungen, das erste Pariser Literatencafé zu werden. Suchen Sie die Stelle, an der das Café de Rouen stand, dem Stendhal neun Jahre lang die Treue hielt, bis er eines Tages mit einem anderen Gast in

Streit geriet. Durchstreifen Sie die Stadt bei Nacht und denken Sie an George Sand, die Schriftstellerin, die sich wie ein Mann kleidete, um unbehelligt bummeln zu gehen, die in tiefe Einsamkeit verfiel, als ihre Liebesaffäre mit Alfred de Musset beendet war. Lieber spielte sie die ganze Nacht Domino in einem Café, als allein zu Hause zu bleiben.

Flanieren Sie auf dem Boulevard des Italiens, wo das Café Riche einst stand und die Brüder Goncourt ihren neidischen Klatsch über andere Schriftsteller verbreiteten. »Café Riche scheint allmählich zum Sammelplatz der Literaten zu werden, die Handschuhe tragen ... das Fußvolk der Schreiberlinge traut sich nicht hinein«, schrieben sie im Oktober 1857 in ihr Tagebuch. »Baudelaire hat heute am Nebentisch zu Abend gegessen. Er war ohne Krawatte, sein Hemd ohne Kragen, sein Kopf geschoren, exakt im richtigen Aufzug für die Guillotine. Bei genauem Hinsehen aber war seine ganze Erscheinung sorgfältig inszeniert: er hatte gewaschene Hände und geputzte Nägel, gepflegt wie Frauenhände.«

Charles Baudelaire brauchte die Cafés als Bühne, um andere zu brüskieren, und als Zuflucht vor seiner Geliebten Jeanne Duval, die schwarze Venus seiner Dichtungen, mit der er eine stürmische, syphilitische und hingebungsvolle Affäre pflegte. Die anderen Gäste belauschten ihn und gierten danach, seine schockierenden Äußerungen aufzuschnappen. Gerüchtweise wurde behauptet, er habe den zarten Geschmack von Kindergehirnen gepriesen und damit geprahlt, daß seine Auszehrung vom ständigen Genuß gekochter Frösche herrühre. In Wahrheit war er opiumsüchtig.

Die Cafés begleiteten auf ihre Weise den Wandel der Zeiten. 1860 beklagten sich die Goncourts, daß Paris, wie sie es kannten und liebten, am Verschwinden sei, ohne zu bedenken, daß das Leben ständige Überraschungen und Veränderungen mit sich bringt. »Das Gesellschaftsleben ist der Ausdruck einer großen Entwicklung«, schrieben sie. »Ich sehe Frauen, Kinder, Männer, ganze Familien, in den Cafés. Die Privatsphäre stirbt aus. Das Leben droht öffentlich zu werden.« Das Leben war bereits öffentlich geworden. Die Goncourts selbst waren es, die nach öffentlicher Aufmerksamkeit gierten und ihr Privatleben vor Fremden ausbreiteten. Edmond, verärgert über das zunehmend paranoide und mürrische Verhalten seines Bruders, beschimpfte ihn während des Essens in einem Restaurant, und Jules brach in Tränen aus und rief: »*Ce n'est pas de ma faute!* Ich kann doch nichts dafür!« Sie weinten hemmungslos. Jules verlor langsam den Verstand, weil er Syphilis hatte.

Die Cafés waren zu einem Tummelplatz für Prominente geworden, und jene, die sich – wie die zügellosen Poeten Rimbaud und Verlaine – mit ihrer selbstverfertigten Dekadenz brüsteten, taten dies am wirkungsvollsten im Café. Rimbaud zerschnitt Verlaines Handgelenke im Café du Rat Mort (Café zur toten Ratte). Zur Vergeltung schoß Verlaine auf Rimbaud, was ihm zwei Jahre Gefängnis einbrachte und einen Kritiker dazu veranlaßte, die beiden als literarische Rowdys zu bezeichnen. Da die Kunst das Leben spiegelt, tauchten die Pariser Cafés bald in der schönen Literatur auf. Maxime aus Zolas *Die Beute* verführte seine Stiefmutter im Café Riche. Frederic und Rosanette aus Flauberts *Erziehung der Gefühle* dinierten im Café Anglais. Balzac, bekannt für die vergeblichen Versuche, sich von seinen Schulden zu befreien, ließ seinen dringend geldbedürftigen Glücksspieler Lucien de Rubempré im Frascati auftreten.

Hundert Jahre später dienten die Cafés als Schreibplätze für Jean-Paul Sartre und Simone de Beauvoir. Eine von den vielen wehmütigen Erinnerungen, die sich die Beauvoir in ihren Memoiren gestattet, bezieht sich auf den Kaffee. Sie schildert das Zusammensein mit Sartre: »Eine Tasse Kaffee wurde zum Kaleidoskop, und wir konnten Ewigkeiten damit verbringen, die ständig verfließenden Spiegelungen der Decke und des Kronleuchters zu betrachten. Wir erfanden eine Vergangenheit für den Stehgeiger und eine gänzlich andere für den Klavierspieler.« Ein nicht unwesentlicher Teil der Literaturgeschichte beruht auf der geselligen Wärme der Cafés und den Ritualen, die sich um den Kaffeegenuß ranken. Die einfachen Freuden sind die grundlegenden Freuden; man braucht sie zur Kräftigung und zum Überleben.

Ich denke an Colette in ihren späten Jahren, als ihr Gatte Maurice Goudeket an ihrem Bett saß, die blaue Lampe ihr schütteres und wirres Haar seltsam erleuchtete und er sie noch immer schön fand. Sie schliefen schon lange nicht mehr zusammen, weil sie sich ihrer tiefen Freundschaft sicher waren. Gelegentlich empfing Colette Bewunderer in ihrem Schlafzimmer, wo sie sich um ihr Bett scharten, um zu erfahren, wie sie Claudine erschaffen hatte, die Figur, die sie oftmals als ihr Double bezeichnete. Aber zum Frühstück hatte Goudeket sie für sich allein.

»Colette schnitt ihr Croissant auf, ohne auch nur einen Krümel fallen zu lassen – weiß Gott, wie schwer das ist –, strich langsam Butter darauf und streute Salz darüber«, schrieb Goudeket. »Sie tat sehr wenig Milch und sehr viel Zucker in den Kaffee, und – jawohl! – sie tunkte ihr Croissant ein, wie es jeder anständige Franzose tut und jeder anständige Engländer vermeidet ... Gewiß hat jeder Autor seine Tee-Gewohnheiten oder Kaffee-Gewohnheiten.« Und wer weiß, fuhr er fort, ob dies keine Bedeutung für ihr Werk hat.

Nur der übertrieben anspruchsvolle Marcel Proust konnte sich, was das Ritual des Kaffeetrinkens betraf, mit Colette messen. Die Zubereitung und das Servieren seines Café au lait mit Croissant vollzog sich mit weihevollem Ernst und unter Teilnahme seines gesamten Haushalts und etlicher Händler aus der Nachbarschaft. Proust bestand auf der Kaffeesorte Corcellet, die nur dort gekauft werden durfte, wo sie auch geröstet wurde, und der Kaffee durfte nur Tropfen für Tropfen gefiltert werden. Eine nahegelegene Molkerei lieferte jeden Morgen frische Milch und stellte die Flaschen vor der Tür ab, damit Proust nicht in seinem Schlaf gestört wurde. Wenn Proust sehr lange schlief, kam die Milchfrau am Mittag noch einmal und ersetzte die Milch durch eine frischere Lieferung. Wenn Proust nach seinem Croissant klingelte, betrat die Haushälterin Céleste das Schlafzimmer, das vom Qualm des Räucherpulvers erfüllt war, mit dem Proust sein Asthma bekämpfte:

»Alles, was ich von Monsieur Proust sehen konnte, war ein weißes Hemd unter einem dicken Sweater und sein Oberkörper, der gegen zwei Kissen gelehnt war. Sein Gesicht war verborgen unter den Schwaden des Räucherpulvers, völlig unsichtbar außer den Augen, die mich anschauten – die ich eher spürte, als daß ich sie sah ... Ich beugte mich dem unsichtbaren Gesicht entgegen und stellte den Teller mit dem Croissant aufs Tablett. Er machte eine Handbewegung, wahrscheinlich um mir zu danken, aber sagte kein Wort. Dann entfernte ich mich.«

Wenn Kaffeerituale Folgen zeitigen, wie sie das Leben und die Worte der Schriftsteller nahelegen, müssen Sie damit beginnen, Ihren Morgenkaffee und Ihr Croissant äußerst ernst zu nehmen. Entwickeln Sie Ihr eigenes Kaffeeritual. Wollen Sie sich den Ruf eines literarischen Rowdys zulegen, suchen Sie sich sorgfältig ein Stammcafé aus und arbeiten Sie demonstrativ an Ihrem Manuskript. Machen Sie anstößige Bemerkungen, gerade so laut, daß Sie Aufmerksamkeit erregen. So steigern Sie Ihren Bekanntheitsgrad als Exzentriker und damit auch Ihr literarisches Format. Wollen Sie, daß man über Sie redet, daß sich Ihr Name in den Köpfen festsetzt und in aller Munde ist, dann müssen Sie Ihre Freunde mitbringen und in möglichst herablassendem Ton über den neuesten Bestseller spotten. Dann müssen Sie nach Ihrem Kaffee und Croissant rufen. Der Cafétier kennt Ihre Vorlieben und bedient Sie prompt, wobei er es ängstlich vermeidet, mit dem Löffel zu klappern, ein Fehler, der ihn das Trinkgeld kosten könnte. Geben Sie Ihrem Unwillen deutlich Ausdruck, wenn der Kaffee nicht genau die Temperatur hat, die Sie verlangen. Zeigen Sie Stolz. Sie sind soeben in die literarische Öffentlichkeit eingetreten.

Aber vielleicht verlangt es Sie nach dem Trost einer Umgebung, in der Sie nicht der auffällige Einzelgänger sind. Vielleicht brauchen Sie die Wärme des starken Kaffees und das anheimelnde Plätschern fremder Stimmen, wenn Sie Ihren Gedanken nachhängen. Lassen Sie sich die Wärme des Kaffees zu Herzen und zu Magen gehen, während Sie Ihre Umgebung beobachten, während Sie sich selbst beobachten. Lassen Sie sich vom Kaffeeritual geben, was es so vielen Schriftstellern gegeben hat: Erneuern Sie Ihre Schaffenskraft, finden Sie zurück zu sich selbst.

4

Enttäuschte Leidenschaft

Pomme findet Geschmack an der Rache

Die Geschichte begann, wie viele Liebesaffären, am Eßtisch, und sie erzeugte Kopfschmerzen an vielen anderen Orten.
GRAHAM GREENE
»FLUCHTWEGE«

Betrachten Sie die Brauch,
ich bitt Sie,
und machen Sie dem Jüngling
keine Sorgen,
der heute eine Dame liebt
und eine andre Dame morgen.
Man kann nicht frühstücken von
früh bis spät,
noch ist es ein Verbrechen,
Wenn das Morgenmahl ist abgeräumt,
vom Mittagsmahl zu sprechen.
Es ist auch keine Glaubensfrage,
ihn als Wüstling zu beschreien,
wenn er, des Rindfleischs überdrüssig,
beschließt, das Hammelfleisch zu
weihen.
GILBERT AND SULLIVAN
»TRIAL BY JURY«

Pomme ist allein in Paris und denkt an Colette.

Er hat dich also verlassen, Pomme. Das ist so ihre Art, und dir ist sie nicht fremd, da du selbst sprunghaft und auf der Suche bist, ständig bereit, dem nächsten Mann, der dich mit dem Versprechen eines neuen und gänzlich anderen Abenteuers lockt, in die Arme zu fliegen. Komm, Cherie, denk nicht mehr an ihn, erzähl mir nicht, daß es bei ihm etwas anderes war. Du bist wütend, weil Jeremy es war, der Schluß gemacht hat. Jetzt mußt du für dich selbst sorgen. Bevor du nicht gelernt hast, allein zu sein, deine Leidenschaft zu zügeln und zu lenken, bist du für niemanden zu gebrauchen.

Schließlich bin ich klüger geworden und habe Erfahrungen gesammelt, sagt sich Pomme, um ihren Ärger zu verwinden, als sie in die Küche geht. Sie setzt einen Topf mit Wasser, mit Zimt und Nelken und Orangenschalen auf eine niedrige Flamme und hofft, daß das Aroma der Gewürze besänftigend wirkt. Aber ihr Zorn ist zu frisch, sie ist nicht bereit zu vergeben, und sie grollt sogar Colette, die ihr eingab, Jeremy zu verführen. Was ich wirklich brauche, sagt sie sich, ist ein Rezept für die Rache, für einen vergifteten Apfel, unwiderstehlich verpackt in einen Liebesbrief mit der gefälschten Unterschrift seiner neuen Freundin. Oder einen Obstkorb mit Äpfeln aus Sodom, frisch gepflückt in einem Hain am Toten Meer, verlockend anzusehen, aber gefüllt mit Asche und bitter im Geschmack. Mit einem Lächeln malt Pomme sich aus, wie Jeremys lange Finger besitzergreifend die Frucht umklammern und wie ihn das Entsetzen packt, wenn sein gieriger Mund sich mit Asche füllt. Wird er in diesem Moment an sie denken? Wird das seine Gleichgültigkeit erschüttern? Sie greift nach einem hellgrünen Apfel und dann nach dem Kochbuch, in dem sie ein Rezept für ihre Rache sucht, ein Gericht, das sie ihm bereiten wird, wenn sie zurück nach London kommt.

❁ Neuenglische Apfeltorte oder Ein Rache-Rezept

NACH »BUMMEL DURCH EUROPA« VON MARK TWAIN, 1879

Um dieses vorzügliche Frühstück zu bereiten, gehen Sie folgendermaßen vor: Nehmen Sie ausreichend Wasser und ausreichend Mehl und bauen Sie sich daraus einen kugelsicheren Teig. Bringen Sie ihn irgendwie in die Form einer Scheibe mit einem Rand von etwa anderthalb Zentimeter Höhe. Lassen Sie die Scheibe einige Tage lang bei mäßiger, aber konstanter Hitze aushärten und dörren. Konstruieren Sie einen Deckel auf dieselbe Art und aus demselben Material. Füllen Sie den Hohlraum mit gekochten Dörräpfeln und verschlimmern Sie das Ganze mit Nelken, Zitronenschalen und Scheiben von Zitronat, fügen Sie zwei Ladungen Zucker hinzu. Schweißen Sie den Deckel fest und bewahren Sie die Torte an einem ruhigen Ort auf, bis sie versteinert ist. Laden Sie Ihren Feind zum Frühstück ein und servieren Sie ihm dies kalt.

Wirklich ein abstoßendes, ein scheußliches Gericht. Ein Rezept für böse Absichten. Doch Pomme weiß, daß die neuenglische Apfeltorte gewiß nicht tödlich wirkt. Außerdem hat sie nicht vor, je wieder mit Jeremy zu frühstücken. Sie greift nach einem anderen Buch: *Der Graf von Monte Cristo* von Dumas, in dem der Graf einer Frau den Plan eines Giftmords eingibt und sie so zu seinem Instrument der schrecklichen, doch wohlverdienten Rache an ihrem Gatten macht.

❁ Giftrezept des Grafen von Monte Cristo, einzuträufeln in eine Limonade an einem zornigen und heißen Sommertag

Gesetzt, das Gift sei Brucin(1)*, und Sie nehmen ein Milligramm am ersten Tag, zwei Milligramm am zweiten, und so weiter. Nun, am Ende des zehnten Tages würden Sie dann ein Hundertstel Gramm nehmen und nach weiteren zwanzig Tagen wären es schon drei Hundertstel – eine Dosis, die Sie ohne Schwierigkeiten vertragen könnten, die aber äußerst gefährlich für jeden wäre, der nicht dieselbe Vorsorge getroffen hat wie Sie.*

Pomme könnte eine Möglichkeit finden, sich mit Jeremy zu treffen und dann das Gift in den Grog träufeln, den er so gern trinkt. Drei oder vier Teelöffel Zucker gelöst in einem Glas heißen Wassers, dazu den Saft und das Fleisch einer Zitrone, einen kräftigen Schuß Rum. Und ein wenig Brucin, an das sie sich zwanzig Tage lang gewöhnt hat, um ihn am 21. Tag unter dem Vorwand einer Versöhnung zu diesem Gutenachttrunk einzuladen. Pomme frohlockt und macht sich eine Einkaufsliste. Frische Zitronen, Rum und Brucin für 21 Tage.

Ein anderes Gift, die Blattpflanze Wermut, einschlägig bekannt als Absinth, würde ebenfalls ausreichen. Pomme kennt Jeremys Neigung zur Völlerei, eine Schwäche, die er vergeblich vor ihr zu verbergen versucht hatte. Ihre List besteht darin, daß sie ihn auf den Geschmack bringt und ihn das grellgrüne Getränk, das aussieht wie Chartreuse, in ausreichender Menge trinken läßt. Sie wird ihm ein Glas voll eingießen und ihm den Kopf verdrehen mit romantischen Geschichten von Pariser Künstlern, die ihre Zeit im Café Voltaire vertrödeln und unfähig sind, dem tödlichen Trunk zu widerstehen. »Selbst wenn er mit einer Prise Zucker gemildert wird«, schrieb einer der Kaffeehausbesucher, »riecht der Absinth nach Kupfer und hinterläßt am Gaumen den Geschmack eines Metallknopfes, den man langsam lutscht.« Dennoch tranken viele davon und wurden krank, und manche starben. Sie hatten den Zusammenhang zwischen dem Gift und den Schäden an ihrer Großhirnrinde nicht begriffen.

Pomme weiß, daß es schwierig sein wird, genügend Absinth für Jeremy vorrätig zu halten. Vielleicht ist es besser, ihn an das Opium zu fesseln – wie Charles

Baudelaire, Samuel Taylor Coleridge, Thomas de Quincey und Wilkie Collins, die Opium, Honig und Alkohol in heißem Wasser zu einem blutroten Elixier mit dem Namen Laudanum vermischten. De Quincey, der Autor der *Bekenntnisse eines englischen Opiumessers*, ernährte sich von Laudanum, Reis, Fleisch und Tee und dürfte das Opium – wie Baudelaire – auch als Schmerzmittel gegen die wiederkehrenden Anfälle der Syphilis eingesetzt haben. Sein Nachbar Coleridge trank täglich zwei große Gläser Laudanum, und das viele Jahre lang. Da starke Opiumpräparate überall erhältlich waren, etwa unter dem Markennamen »Black Drop«, benutzte Wilkie Collins das Laudanum als Mittel gegen seine Gicht. In seinem Roman *Der Mondstein* beschwor er die geheimnisvollen Kräfte der Droge und bezeichnete sie als »allmächtig und allerbarmend« – eine sehr beschönigende Charakterisierung ihrer zerstörerischen Auswirkungen auf Körper und Geist. Verstopfung und Brechreiz, Appetit- und Gewichtsverlust, sinkende Selbstachtung, Nachlässigkeit, Konzentrationsmangel, fehlende Rücksichtnahme und Verantwortung sowie lügenhaftes Verhalten sind die Symptome der Opiumsucht, die auf heimtückische Weise von diesen Männern Besitz ergriff. Als Coleridges Sucht fortgeschritten war, verwandelten sich seine anfänglich beglückenden Halluzinationen in Schreckensvisionen. Für Baudelaire wurde die Sucht zum Zerstörer und zum Retter. »In dieser meiner Welt«, schrieb er, »eng und angefüllt mit Ekel, lächelt nur ein vertrautes Ding mich an: die Phiole mit Laudanum. Eine alte, schreckliche Maitresse – verschwenderisch wie alle Maitressen mit ihren Liebkosungen und ihrem Verrat.«

Das Laudanum wird Jeremy schließlich in absonderliche und schreckensvolle Alpträume versetzen, wie sie Coleridge im Jahre 1802 notierte und in denen seine Freunde William, Mary und Dorothy Wordsworth auftraten, die letztere »entstellt in jeder Hinsicht, eine fette, ziemlich rothaarige – also völlig unähnliche – und entsetzlich bleiche Frau, die, wie ich glaubte, mich zu küssen versuchte und die Fähigkeit besaß, mir mit ihrem bloßen Atem eine beschämende Krankheit ins Gesicht zu blasen.« Jeremy wird im Traum seine neue Freundin als eine monströse Erscheinung erleben – wie Coleridge, der schreiend erwachte, als eine dreifingrige Zwergin im Traum sein Gemächt umkrallte.

Pomme wendet nun ihre Aufmerksamkeit dem Essen zu, das sie mit dem tödlichen Trunk servieren wird. »Ist ein Kellner wütend auf seinen Gast, wird er ihm in die Suppe spucken«, sagte H. L. Mencken. Das wird sie auch praktizieren, aber nur als ein Vorspiel. Sein Essen und sein Leben wird sie mit schlimmeren Mitteln zerstören. Die giftigen Öle der Muskatnuß werden ihm Halluzinationen bereiten, außerdem so unerfreuliche Nebenwirkungen haben wie Kopfschmerzen, Brechreiz und Krämpfe. Ein Spinat- und Rhabarberauflauf wird Nierensteine begünstigen, ein Übermaß an karotinhaltigen Speisen, etwa Mohrrüben, Eiern und Mangofrüchten, wird zur Gelbsucht führen, während Zwiebeln, in Mengen genossen, die Bleichsucht befördern. Als Pomme noch in Liebe für Jeremy kochte, pflegte sie Zwiebeln zu vermeiden.

Über die Verwendung von Zwiebeln in der Küche

VON JONATHAN SWIFT

»Das wird wohl nie ein Koch bezweifeln:
Ein schmackhaft Mahl bedarf der Zwiebeln.
Doch hat dein Kuß zu streng gerochen,
mußt du die Zwiebeln länger kochen.«

Da nun Jeremys Küsse an Pomme vorübergehen, sind ihr die Zwiebeln höchst willkommen, damit sein schlechter Atem die neue Freundin verärgert.

Der Möglichkeiten sind so viele: überreichlicher Kohlgenuß könnte einen Kropf erzeugen, mit einem rohen Ei im Salat-Dressing könnte man Salmonellen übertragen, einen Teller marinierter Pilze könnte Pomme mit einem Giftpilz bereichern, ganz im Gedenken an Katherine Mansfield und ihren Kummer mit der Liebe, den sie ihrem Tagebuch anvertraute:

»Könnte man doch nur die wahre Liebe von der falschen scheiden wie gute Pilze von den giftigen! Mit den eßbaren ist es so einfach: man salzt sie kräftig, stellt sie beiseite und wartet ab. Doch kaum hast du dich für etwas erwärmt, was auch nur im entferntesten

nach Liebe aussieht, bist du schon völlig überzeugt, daß sie nicht nur echt ist, sondern überhaupt das einzige echte Exemplar, das noch zu haben ist.«

Pomme weiß sehr wohl, daß falsche Liebe wie ein Giftpilz ist.

Es gibt noch mehr Gerichte, mit deren Hilfe sie Rache üben kann. In einem frischen Gartensalat wird sie die Petersilie durch Mistelblätter ersetzen, und sie wird so viele geröstete Apfelkerne hineinstreuen, daß die Blausäure seine Atmung lähmt. Beenden könnte sie das Mahl mit einem Törtchen, in dessen Glasur das tödliche Maiglöckchen eingebettet ist, oder einem ähnlich verwunschenen Dessert wie die türkischen Früchte aus C. S. Lewis' *The Chronicles of Narnia*, nach deren Süße viele sich so sehr verzehrten, daß sie sich vor Verlangen umbrachten. Wenn ihr schon diese magischen Früchte nicht zur Verfügung stehen, wird Pomme wenigstens eine bescheidenere Spielart der exotischen Süßigkeit servieren: Früchte, die mit Bleimennige gefärbt sind, damit sie im schönsten Zinnoberrot erstrahlen.

Obwohl sich Pomme für derartig trügerische Mahlzeiten begeistern kann, ist ihr klar, daß deren verderbenbringenden Wirkungen zu langsam eintreten. Außerdem wird Jeremy vor ungewöhnlichen Speisen zurückschrecken und mißtrauisch werden, wenn ihm der Geschmack merkwürdig oder unangenehm vorkommt – ganz im Gegensatz zu den köstlichen Speisen, die sie ihm früher vorsetzte. Sie wird ihm zwar versichern, daß sie die Rezepte bei ihrem Pariser Aufenthalt erlernt hat, aber sie zweifelt schon jetzt daran, daß er ihr glauben wird. Während sie nach weiteren Rezepten stöbert, fragt sie sich, ob es keine einfachere und wirksamere Rache gibt, die zudem diskreter vonstatten gehen kann. Jeremy ist kein Idiot, und sie muß sehr behutsam sein. Also liest sie *Mules and Men* von Zora Neale Hurston und findet ein perfektes Rezept, das eine würzige Hühnersuppe erfordert, die mit gestoßenen Sassafras-Blättern oder Gumbo-Schoten eingedickt ist:

❁ Ein Gericht von Zora Neale Hurston, das tötet oder Schaden zufügt

EIN VOLKSTÜMLICHES REZEPT AUS DEN SÜDSTAATEN (1935)

Nimm verdorbenen Essig, Ochsengalle, Gumbo-Suppe mit rotem Pfeffer, schreib Namen kreuzweise übereinander und steck sie in Flaschen. Schüttel die Flasche neun Tage lang am Morgen und sprich dabei aus, was sie bewirken soll. Um zu töten, stell sie auf den Kopf und vergrabe sie brusttief, und das Opfer wird sterben.

Aber dann macht ihr das kraftlose, heruntergekommene Liebespaar aus der *Ballade vom traurigen Café* von Carson McCullers klar, was sie zu tun hat. Mit derselben List nimmt sie sich vor, Jeremys Lieblingsgerichte zuzubereiten und sie ihm würzig und zart duftend, doch versehen mit einem tödlichen Gift, als Lockspeise hinzustellen. Sie wird auf Jeremys Naschsucht spekulieren und konsultiert zu diesem Zweck eine nützliche Passage in Balzacs *Glanz und Elend der Kurtisanen*, eine Szene aus dem Kapitel »Was alte Männer für die Liebe bezahlen müssen«, in der ein Mann im Restaurant Tortoni eine Eisspeise ißt:

»Am Ende des Mahls wurde den Gästen eine Eisspeise mit dem Namen Plombières serviert. Wie jedermann weiß, ist diese Eissorte mit kandierten Früchten belegt und wird in kleinen Glasschalen serviert ...«

Am selben Abend starb ein Mann. Seine Feinde hatten das nette Dessert vergiftet.

Tortoni war ein Restaurant, das von Balzac, Dumas und Hugo besucht wurde, außerdem von Dandies und Börsianern, die Stil zeigen wollten, und es servierte die feinste Eiscreme von Paris. Pomme beschafft sich die Rezepte und überlegt, wie sie ihr Eis am wirksamsten servieren kann.

❁ Plombières

Nach dem »Répertoire de la Cuisine« werden Plombières aus Vanille-Eis und Aprikosenkonfitüre sowie in Kirsch getränkten kandierten Früchten hergestellt. Die Version des Larousse Gastronomique, die jetzt folgt, beruht auf einer Mandelcreme.

2 Tassen Mandeln zermahlen, ½ Tasse Milch langsam hinzufügen. 5 ½ Tassen Rahm abkochen, die Mandeln hineinrühren und alles durch ein feines Sieb drücken.
1 ½ Tassen Zucker und 12 Eiweiß in einer großen Schüssel schlagen, bis der Eischnee fest wird.
Die Mandelmilch zum Kochen bringen und unter den Eischnee heben. Bei schwacher Hitze auf den Herd stellen und vorsichtig umrühren, bis die Creme am Holzlöffel haften bleibt. Den Topf in kaltes Wasser stellen und mit dem Schneebesen umrühren, bis die Creme abgekühlt ist. In einen Eisbereiter stellen.
Wenn die Creme zum Teil gefroren ist, eine Tasse feingehackte kandierte Früchte, die in Kirsch oder Rum getränkt sind, hineinrühren. 1 ¾ Tassen gekühlte Schlagsahne und ⅔ Tasse kalte Milch hinzufügen. In eine Eisform geben und gefrieren lassen.

❆ Biskuits Tortoni

NACH »GOOD THINGS« VON JANE GRIGSON, 1971

Margaret Visser sagt in »Much Depends on Dinner«, daß Biskuits Tortoni eine gefrorene Sahnecreme mit Biskuit, Mandeln und Rum ist. Das Rezept von Grigson dagegen verlangt Sherry.

Je 1 Tasse Dickrahm und Schlagrahm
½ Tasse Puderzucker
1 Prise Salz
1 Tasse zerstoßener Biskuit
⅔ Tasse Sherry

Den Rahm mit dem Zucker und dem Salz verrühren und schlagen, dann gefrieren lassen, bis er fest wird. Dann die Krumen und den Sherry unterheben. Wenn nötig, weiteren Zucker hinzufügen. In einer Metallform gefrieren lassen und vor dem Servieren stürzen und mit den restlichen Krumen bestreuen. Den Krumen können auch gemahlene Mandeln hinzugefügt werden.

Um ihre Rache zu krönen, wird Pomme die Eisportion mit einem hübschen Klecks roter Johannisbeermarmelade zieren, wie sie in *Madame Bovary* vorkommt. Emma Bovarys Nachbar, der Apotheker Homais, war ein Spezialist für die Zubereitung verschiedenster Konfitüren, Liköre und Essigsorten. Als er eines Tages die Johannisbeermarmelade kochte, brachte ihm sein Diener Geräte, mit denen zuvor Arsen bearbeitet worden war, ein geruch- und geschmackloses Gift. Das Versehen des Dieners wurde rechtzeitig entdeckt. Pomme könnte sich in Jeremys Haus einschleichen – er hat vergessen, seine Schlüssel zurückzufordern – und ein Glas der feierlich verpackten, mit einer liebevollen Botschaft versehenen Giftmarmelade ganz hinten in seiner Speisekammer abstellen. Jeremy wird es eines Tages entdecken und glauben, dies wäre ein letzter Gruß aus ihrer Küche. Er wird unfähig sein zu widerstehen. Eine akute Dosis wird ihm den Mund und den Rachen verbrennen und seinen Magen in die Zange nehmen. Sein Tod wird eine Sache von Stunden sein. Allmählich gesteigerte Dosen werden ihm die Energie rauben, Verstopfung und schuppige Haut verursachen. Er wird sich gelähmt und verwirrt fühlen, und er wird umgehend sterben. Seine Gier und die Johannisbeermarmelade werden Pomme als Rachewerkzeuge dienen.

Pomme sucht in einem Kochbuch aus Flauberts Zeit nach einem Rezept für Johannisbeermarmelade:

❆ Rote Johannisbeermarmelade von Homais

NACH »DAS HAUSHALTS-KOCHBUCH« VON FÉLIX URBAIN-DUBOIS, 1871

Rote, aber nicht überreife Johannisbeeren von den Stengeln streifen, abwiegen und in eine unverzinkte Kupferschüssel tun. Pro Pfund Beeren 2 Pfund Zucker untermischen und eine Stunde unter gelegentlichem Umrühren durchdringen lassen. Die Schüssel aufs Feuer setzen, die Masse 4 bis 5 Minuten aufkochen lassen, dann durch ein Sieb gießen. Die Flüssigkeit erstarrt zu Gelee, sobald sie abkühlt.

Allmählich hat Pomme diese leichtfertigen Gedanken satt. Vielleicht soll sie ihm nichts anderes als die Qualen einer unerwiderten Liebe wünschen. Jeremy würde dann zum Opfer seiner eigenen Leidenschaft, und das ist eine Rache, die Eliza Acton, die Dichterin und Kochbuch-Verfasserin, einem Liebhaber widerfahren ließ.

Rache

VON ELIZA ACTON (1826)

»Nicht verlangt mich, in der Wildheit meiner Rache
meinem Feinde Gift zu träufeln, noch zu bohren
meinen Dolch tief in sein Herz, doch will ich Liebe,
sengende, glücklose, unstillbare,
in die tiefsten Falten seines Herzens pflanzen
und ihn überantworten dem schleichenden Tod
der bleichen Opfer, die dort unten verhauchen
den Atem ihrer tiefen Leidenschaft. Nichts
ist bitterer als dieses! – Die Trübnis der Gedanken,
die sie umhüllen, düster wie das Grab –
die zehrenden, doch ungestillten Qualen,
die den Körper welken machen und die Seele
peitschen in ihrem Todeskampf –
die Peinigung des Geistes, der verdammt ist,
den Rivalen beglückt zu sehen und – graue Verzweiflung:
Dies seine Foltern! – Sind sie nicht genug,
den gnadenlosesten Haß zu stillen?«

Oder Pomme könnte einen Schlüssellochroman schreiben wie Louise Colet, die in dem autobiographischen Roman *Er* ihren verlorenen Liebhaber Flaubert aufs peinlichste bloßstellt. Sie könnte Jeremy mit einem Kasten Amontillado in einen Keller sperren wie bei Poe, so daß er sich eine Weile lang wohlfühlt, doch dann entsetzt feststellen muß, daß er nicht entfliehen kann. Seine Schreie würde sie ohne Mühe überhören.

In Pommes Kopf geht jetzt alles durcheinander. »Strafe ist unmoralisch, wenn sie Rache bezweckt und nicht Belehrung«, sagt Byron. »Warum soll man die Wirkung von Giften studieren, wenn man keinen besseren Gebrauch von seinem Wissen machen kann?« antwortet Baudelaire. »So etwas wie Rache hatte ich zum ersten Mal verspürt«, sagt Jane Eyre. »Wie ein aromatischer Wein erschien sie mir, ein Schluck, warm und rassig, doch der erste Nachgeschmack, metallisch und rostig, gab mir das Gefühl, als wäre ich vergiftet worden.«

Pomme knallt *Jane Eyre* zu. Wenn Rache ein Gift ist, das wie Absinth schmeckt, schlußfolgert Pomme, wird sie mit ihrem Übermut auch sich selbst umbringen. Flaubert wußte das sehr gut. In einem Brief an einen Freund schrieb er, »daß ich den Geschmack des Arsens so deutlich im Munde spürte, als ich beschrieb, wie Emma Bovary vergiftet wurde, daß mir zweimal hintereinander übel wurde – aber richtig, denn ich erbrach mein Mittagessen.« Pomme spürt den süßlichen Geschmack der Rache, anfangs ist er köstlich, doch dann hängt er fad und säuerlich in ihrer Kehle. Sie zieht die Einkaufsliste hervor, auf der sie Rinderfilet, Pilze, Mandeln und Sahne notiert hatte. Sie nimmt sich vor, diese perverse Obsession zu überwinden.

Jeremy hatte sie rechtzeitig gewarnt und ihr erzählt, daß er ihr eines Tages das Herz brechen würde. Pomme hatte gelacht und ihn für arrogant und anmaßend gehalten. Warum aber ignorierte sie später die Zeichen seiner Untreue? Sie denkt an Hadley Hemingway, die im Winter 1926 einen Brief von Pauline erhielt, der Frau, die bald darauf ihre Ehe zerstörte. »Ich habe Ihren Gatten E. Hemingway verschiedene Male getroffen – eingeklemmt wie gutes rotes Fleisch zwischen zwei Scheiben klebrigen Brotes. Ich denke, er sieht sehr gut aus, und er war sehr nett zu mir.« Wie konnte Hadley Paulines Absichten übersehen?

»Was Frauen anbetrifft, so sind die modernen Männer Idioten«, sagte D. H. Lawrence. »Sie wissen nicht, was sie wollen, und so lehnen sie ständig ab, was sie kriegen. Sie wollen Sahnetorte zusammen mit Rührei und Schinken und Haferbrei. Sie sind solche Narren. Wenn nur die Frauen nicht den schicksalhaften Hang hätten, das zu unterstützen.« Wenn das so ist, sagt sich Pomme, sind die modernen Frauen auch Idiotinnen. Ich habe das Spiel zu lange mitgespielt, und ich hätte niemals mein Herz so leichtsinnig verschenken dürfen. »Die Leidenschaft verdunkelt unsere Sinne, so daß wir armselige Sachen essen und sie als Nektar bezeichnen«, schrieb William Carlos Williams. Ich werde meine Leidenschaft im Zaume halten, beschließt Pomme.

In ihrer Einsamkeit lernte Colette, ihre kostbare Zeit zur Steigerung ihrer Wahrnehmungsfähigkeit zu nutzen. Pomme wird sich nicht mehr selbst bestrafen, nur weil sie allein und ohne Geliebten ist, oder dem Verlust ihrer Liebe nachhängen. Sie wird nicht länger bedauern, daß die reife Rundung ihrer Lippen ohne Widerpart bleibt. Sie macht sich an die Zubereitung einer gemütlichen Einzelmahlzeit, und sie lernt es, sich ihrer eigenen Gesellschaft zu erfreuen. Wenn Schlichtheit die Begleiterin der Einsamkeit ist, wird Pomme einfache und ehrliche Speisen wählen. Sie wird sich nicht gehen lassen und in eine depressive Völlerei verfallen. Pomme wird sich angenehm leicht ernähren, während sie ihre Zukunft plant. Sie wird ihre lebenslang erlernte Erfindungsgabe und Zuneigung von London abziehen, von Jeremy und seinem undankbaren Gaumen, von Paris und ihrer Einsamkeit, indem sie verreist – vielleicht so weit weg wie Amerika, auf der Suche nach sich selbst; um zu lernen, wie man liebt, ohne sich zu verlieren. »Welch ein Vergnügen, allein zu speisen!« schrieb der Dichter und Essayist Charles Lamb an Mrs. Wordsworth. Und in diesem Sinne wendet sich Pomme ihren Büchern und ihrer Küche zu.

Über das Alleinsein

TAGEBUCH VON KATHERINE MANSFIELD, 1919

»Samstag: Diese Lust am Alleinsein. Was ist das? Ich fühle mich so unbeschwert und friedvoll – das ganze Haus ist davon erfüllt. Das Mittagessen ist fertig. Ich habe ein Spiegelei, Aprikosen mit Sahne, Käsestangen und schwarzen Kaffee. Wie köstlich! Eine Baby-Mahlzeit! Atheneum hat erst geschlafen und sitzt jetzt wach auf dem Sofa im Arbeitszimmer. Er bekommt einen Silberlöffel voll mit Sahne – dann versteckt er sich unter dem Sofa und streckt die Pfote nach meinem Finger aus. Ich sammle die trockenen Blätter von der Pflanze in der weißen Schale, und weil ich mit etwas spielen

muß, nehme ich eine Orange mit hinauf in mein Zimmer und spiele mit ihr Fangball, während ich auf und ab gehe ...«

Warum bevölkern Katzen unsere Vorstellungen von den Freuden der Einsamkeit, fragt sich Pomme, während sie Puss streichelt und von einer Gewächshaus-Weintraube ißt, von den grünlich-gelben, die Léa in Colettes *Chéri* aß, als sie die Verheiratung ihres Geliebten mit einer anderen Frau betrauerte. Sie sucht nach einem Rezept für Mansfields Spiegeleier und Käsestangen.

❁ Spiegelei oder Ei in der Cocotte

NACH »HOUSEHOLD COOKERY« VON ISABELLA BEETON, AUSGABE 1923

Den Backofen auf 180 Grad vorheizen. Eine Auflaufform (oder Cocotte) mit Butter fetten und mit Salz, Cayennepfeffer und gehackter Petersilie ausstreuen, dann ein Ei hineinschlagen. Die Form ins Wasserbad stellen und in der Backröhre 6 bis 8 Min. backen. Das Eigelb bleibt flüssig, das Eiweiß ist geronnen. Die Form wird das Ei noch weiter erhitzen, wenn sie aus der Röhre herausgenommen wird. Daher nicht zu lange im Backofen belassen.

Varianten aus dem Larousse Gastronomique

Einen Löffel Rahm in die Form geben. Darauf das Ei schlagen und einen Klecks Butter auf das Ei geben. Nach dem Backen Salz und Pfeffer oder ein wenig Parmesankäse hinzufügen. Für Ei in der Cocotte à la tartare Schabefleisch mit gehacktem Schnittlauch vermengen, salzen und pfeffern. In der gebutterten Form auslegen und das Ei darauf schlagen. Das Dotter mit frischer Sahne umgießen. Dann im Wasserbad backen.

❁ Käsestangen

NACH »HOUSEHOLD COOKERY« VON ISABELLA BEETON, AUSGABE 1923

150 g Mehl
1 Prise Salz
1 Prise Cayennepfeffer
½ Tasse Butter
100 g geriebener Parmesankäse
50 g geriebener Cheddar oder Cheshire-Käse
2 Eigelb
1 Löffel kaltes Wasser

Den Ofen auf 200 Grad vorheizen. Mehl mit dem Käse vermengen, die Butter hineinkneten. Mit Salz und Pfeffer abschmecken. Mit den Eigelb und dem Wasser einen festen Teig herstellen und in Streifen von 8 cm Länge und 3 mm Dicke ausrollen.
10 Min. auf einem gefetteten Blech backen und herausnehmen, wenn sie knusprig sind.

Wie prägnant Katherine Mansfield ihre Einzelmahlzeit beschrieben hat, ihre Kindermahlzeit, genügsam und einfach. Wie von selbst erwecken solche Gerichte Bilder einer idyllischen Kindheit und ihrer schönsten Seiten; bei Kenneth Grahame in *The Wind in the Willows* zum Beispiel ist es der Buttertoast mit Honig:

> *»Der Duft des Buttertoasts sprach zu Toad mit deutlicher Stimme, er sprach von warmen Küchen, vom Frühstück an frostklaren Wintertagen, von behaglichen Stunden am abendlichen Kaminfeuer, wenn das Gerenne vorüber war und die Füße in ihren Hausschuhen auf dem Kamingitter ruhten, wenn die Katzen schnurrten und die Kanarienvögel schläfrig piepsten.«*

Oder Henry Millers Erinnerungen an eine Scheibe hausgebackenes Brot mit Butter und darübergestreutem Zucker. »Mit einem solchen Brot saß ich dann da und las *Pinocchio* oder *Alice im Spiegelland* oder Hans Christian Andersen oder *Ein Knabenherz*, schrieb er. Oder vielleicht *The House at Pooh Corner*:

»›Was magst du am meisten in der Welt, Pooh?‹
›Nun‹, sagte Pooh, ›was ich am meisten mag ...‹; doch hier mußte er innehalten und nachdenken. Denn obwohl HONIG ESSEN etwas besonders Gutes war, gab es da diesen kurzen Moment vor dem Essen, der sogar noch besser war, aber er wußte nicht, wie man den nannte.«

Pomme mischt Honig mit Butter und ein wenig Sahne und bestreicht eine Scheibe warmen Toast. Wenn es darum geht, wie man sich verwöhnt, kann sie selbst von Pooh etwas lernen, der bei seiner simplen Vorliebe für den Honig genau weiß, daß der Moment der Erwartung das Allerschönste am Essen ist. Vielleicht ist der ganze Appetit nichts anderes als eine Erwartung, die nach ihrer Erfüllung unweigerlich in Enttäuschung enden muß, und vielleicht führt ein übertriebener Gaumenkitzel zur Abstumpfung? Wer bis obenhin voll ist, hat keine Lust zum Essen mehr, überlegt Pomme. Jeremy hat sich einfach sattgegessen und sie dann mit ihrer schwelenden Wut alleingelassen. Anstatt ihre Liebe gierig auszukosten, wäre es klüger gewesen, ihre Gefühle ein wenig zu zügeln, hin und wieder kleine Feste zu feiern, doch stets die Balance von Beherrschung und Lust zu wahren. Statt ihn mit üppigen, exotischen Gerichten zu verwöhnen, hätte sie besser daran getan, ihm Kräutertee vorzusetzen, um seinen schwindenden Appetit anzuregen, oder kleine Portionen Wermutöl – alle paar Stunden zwei bis drei Tropfen auf ein Stück Zucker –, um sein Herz zu stimulieren. Ein wenig hätte schon gereicht. Und ein wenig mehr wäre Gift gewesen. Hätte sie das nur früher gewußt!

Obwohl die Verlockung groß war, haben Buttertoast und Honig Pomme nicht zufriedenstellen können; der Gedanke, bei einem Rückzug in die Kindheit Trost zu suchen, macht sie unwillig. Sie ist erwachsen und kann sich auf eine erwachsene Weise trösten. So sehr sie aber Katherine Mansfield bewundert, empfindet sie deren Bekenntnis zur Einsamkeit doch ein wenig zu entschieden und vordergründig – als würde die Mansfield damit ein Unglücklichsein kaschieren, ein schleichendes, heimtückisches Gift, dessen Wirken sie ihrem Tagebuch anvertraute:

»... mein ängstliches Herz zehrt an meinem Körper, zehrt an meinen Nerven, zehrt an meinem Verstand. Dieses Gift breitet sich langsam in meinen Adern aus – und erfaßt allmählich jeden Teil von mir ...
Spät am Abend, nachdem du das Nachtmahl fortgeräumt hast, die Krümel vom Buch geblasen hast, das du gerade liest, die Lampe angezündet und dich vor dem Kamin zusammengerollt hast, kommt der Moment, da du dich vor dem Regen in acht nehmen mußt.«

Nein, was Pomme braucht, sind Zeugnisse einer lustvollen Einsamkeit, der Anblick von Colette etwa, die die größten und schwärzesten Kirschen ißt, von allem das Beste nimmt, da ihr Geliebter fort ist. Es fällt ihr die Geschichte einer Frau namens Lili ein, deren Liebhaber, ein Koch, sie verlassen hatte. Er hatte im Dienst von Alice Toklas und Gertrude Stein gestanden, und alles, was von ihm geblieben war, war ein Stück einer ganz besonderen Torte. Lili aß dieses Stück Torte und tröstete sich mit dem restlichen Lohn, den Toklas und Stein ihr ohne weiteres auszahlten. Da Lili wieder froh wurde, beschloß Pomme, eine solche Torte zu backen.

❁ Eine zarte Torte

NACH: »DAS ALICE B. TOKLAS KOCHBUCH« VON ALICE B. TOKLAS, 1994

150 g Butter, 1 Tasse Mehl und 1 Eigelb miteinander verrühren. Gerade so viel Wasser hineinkneten, daß der Teig zusammenhält. 30 Min. kaltstellen.
2 Eier und 1 Tasse Zucker mit 1 Tl. Vanille und 1 Tasse gemahlene Haselnüsse kräftig verrühren.
Etwas mehr als die Hälfte des Teiges ausrollen und in eine gefettete Backform legen, darauf die Haselnuß-Masse ausbreiten. Den restlichen Teig ausrollen und die Torte damit bedecken, den oberen und den unteren Rand miteinander verkneten. 30 Min. bei 180 Grad backen.

Alice B. Toklas, 1906.

Pomme deckt sich selbst den Tisch, und in ihrem Kopf geht es jetzt friedlicher zu. »In Kürze, am Ende eines guten Mahls, erfreuen sich Körper und Seele eines bemerkenswerten Wohlbefindens«, versichert ihr der kulinarische Philosoph Brillat-Savarin und schlägt ein besänftigendes Getränk vor, ein Glas warmer Vanille-Milch – die Milch für den guten Schlaf und die Vanille für die angenehmen Träume. Besser noch ein Glas frischer Milch mit einem Schuß Rum, zusammen mit dicken Hammelkoteletts und täglich zwei Glas Sherry – ein Rezept, das Jane Carlyle von ihrem Arzt erhielt, um sich vor dem Nervenkollaps zu schützen.

Pomme sautiert ein dickes Lammsteak, das mit Knoblauch gewürzt ist – so gut fürs Herz! – und mit Minze, einem beruhigenden Kraut. »Nach einem guten Mahl kann man jedem vergeben, sogar den eigenen Verwandten«, sagt Lady Caroline in Oscar Wildes *Eine Frau ohne Bedeutung*. Oder sogar seinem Geliebten, denkt Pomme und beißt in ihr Lammsteak, oder sogar Jeremy. Sie knabbert an einem noch warmen Stückchen ihrer zarten Torte, das von einem Klecks Biskuits Tortoni gekrönt ist.

Pomme versinkt, nachdem sie einfach, aber gut gespeist hat, in einer schläfrigen Träumerei und sinnt über ihre Zukunft nach. Am Rande ihres Bewußtseins taucht Jeremy auf, sein Bild ist noch ganz deutlich, aber schon weiter entfernt als vor dem Essen. Colette erzählt ihr flüsternd von der Zeit, als ihr erster Mann sie eingeschlossen hatte, um sie zum Schreiben zu zwingen, und sie dann für endlose Stunden, Tag und Nacht, allein ließ. »Dabei erlernte ich meine wichtigste Kunst«, sagt sie zu Pomme, »und die ist nicht das Schreiben, sondern die häusliche Fähigkeit der Geduld, des Verbergens, des Aufsparens von Krumen, des Kittens und Vergoldens; die Fähigkeit, aus dem Schlimmsten das kleinere Übel zu machen, zu verlieren und im selben Moment jenes verflixte Ding, die Lust am Leben, wiederzugewinnen.«

(1) Dem Strychnin ähnlich, aber etwas schwächer in der Wirkung.

5

Gastronomische Freudlosigkeit oder Warum ist das Essen so schlecht in England?

BEITRAG VON POMME BOUQUIN FÜR DIE ZEITSCHRIFT »CULTURE AND CUISINE«

Die Engländer haben hundert Religionen, aber nur eine Soße.
VOLTAIRE

Verdammter Fischkleister,
Verflixter Fischlaich, Abstoßend,
wie roher Teig
JOSEPH CONRAD
ÜBER HAFERBREI

Ohne gut gespeist zu haben kann man weder gut denken, noch gut lieben, noch gut schlafen. Die Lampe im Rückgrat läßt sich nicht mit Rindfleisch und Backpflaumen entzünden.
VIRGINIA WOOLF
»EIN ZIMMER FÜR SICH ALLEIN«

Als ich letztes Jahr von London nach New York zog und meine neue Arbeit in der Küche eines der besseren Hotels dieser Stadt aufnahm, überraschte mich die Feindseligkeit meiner Kollegen gegenüber der britischen Küche, die sich weltweit den bleibenden Ruf eingehandelt hat, weder Geschmack noch Seele zu besitzen. Da ich im Savoy Hotel in London aufgewachsen bin, wo mein Vater Chefkoch ist, sind meinem Gaumen die schlimmsten Exzesse der britischen Küche erspart geblieben. Oft fragte ich mich, ob die Briten tatsächlich so schlechte Köche sind, wie man es ihnen immer nachsagt, und, wenn ja, warum? Wie ist es Großbritannien, mit seinem hervorragenden Angebot an frischem Fisch, Fleisch, Obst und Gemüse gelungen, eine Küche zu entwickeln, die den anspruchsvollen Gaumen bestenfalls zum Abgewöhnen anregt? Ich fuhr zurück nach England, mit der Absicht, gutes Essen zu suchen und zu finden. Mich erwartete ein gewaltiger Schock.

Im Zug nach London entsann ich mich eines Zeitschriftenartikels von E. M. Forster, der in *Wine and Food* erschienen ist. Forster beschreibt seine eigene Rückkehr nach England. Vermutlich kam er gerade aus einem fernen, exotischen Land wie Indien oder Ägypten. Jedenfalls setzte er sich in den Zug mit Schiffsanschluß, der ihn nach London bringen sollte, und wartete im Speisewagen ungeduldig auf das Eintreffen der anderen Fahrgäste, damit man bald mit dem Auftragen des Frühstücks beginnen könne. Er wurde von derart starken

Wogen des Hungers überschwemmt, daß er außerstande war, sich auf irgend etwas anderes zu konzentrieren:

»Endlich gab sich die Lokomotive einen Ruck, worauf die Messer und Gabeln zur Seite rutschten und eine traurige Weise sangen. Die Tassen klirrten und sagten dabei ›bill-ig, bill-ig‹ zu den Soßen, womit sie nicht unrecht hatten, die Kellner kamen herein und riefen, ›Haferbrei oder Backpflaumen, der Herr? Haferbrei oder Backpflaumen?‹ Das Frühstück hatte begonnen. Noch heute hallt der Ruf in meiner Erinnerung nach. Er ist die Versinnbildlichung – nein, nicht der englischen Küche an sich, sondern der Mächte, die sie in den Dreck ziehen. Er verleiht dem wahren Geist gastronomischer Freudlosigkeit Ausdruck. Haferbrei stopft den Engländer voll, Backpflaumen räumen ihn leer, so daß die beiden Speisen gegensätzliche Zwecke erfüllen. Im Geiste, aber, gleichen sie sich: beide verbieten den Genuß und betrachten Feingefühl als etwas Unmoralisches. An diesem Morgen sahen sie einander so ähnlich wie nur irgend möglich. Alles war grau. Der Haferbrei bestand aus blaßgrauen Klumpen, die Backpflaumen schwammen in einem grauen Sud und glichen den verschrumpelten Schädeln alter Männer, und der graue Nebel drückte sich gegen die grauen Fenster. ›Tee oder Kaffee, der Herr?‹ erschallte der nächste Ruf, und dann brachte man mir einen Schellfisch. Er steckte in einer Art harter, gelber, ölbeschichteter Regenhaut, als ob er in einem Rettungsboot unterwegs gewesen wäre, und wenn man ihn anpiekte, spritzte Salzwasser aus ihm heraus. Diesem widerlichen Fisch folgten Würste und Speck, die offenbar ebenfalls die Nacht durchgemacht hatten. Der Toast war hart wie Stahl, die Marmelade eher ein aromatisiertes Gelee. Und dann kam die Rechnung, die ich wortlos beglich, während ich mich wieder einmal fragte, warum solche Dinge geschehen müssen.«

Forsters Frühstückslamento erschien 1939, und es sollte sehr bald noch schlimmer kommen. Im folgenden Jahr setzte die Essensrationierung ein, die vierzehn Jahre andauern sollte, und die den englischen Tafeln pulverisierte Eier, getrocknete Magermilch, Butterersatz und Kutteln oder Schafsbauch bescherte. Wer heutzutage Kutteln erwähnt, wird Grauen erwecken in der Seele eines jeden, der die Kriegsjahre in England verbracht und regelmäßig wabbeligen, gekochten Schafsbauch mit Zwiebeln und Magermilchsoße aufgetischt bekommen hat. Aus dieser Notkost ging eine Generation von Briten hervor, die mit trostloser Küche allzu vertraut war und es sich deswegen auch nach dem Krieg gefallen ließ, zweitklassiges Essen vorgesetzt zu bekommen. Kriegszeiten bieten ein Alibi für ungenießbares Essen. Simone de Beauvoir beschreibt das Paris der Kriegsjahre und die gräßliche Aufgabe, das Essen nach Maden zu durchsuchen, um sie aus den ansonsten noch genießbaren Teilen zu entfernen. Und dennoch – M. F. K. Fishers wundervolles Werk, *Wie koche ich einen Wolf?*, dessen Ideen ebenfalls der kriegsbedingten Sparsamkeit in der Küche entspringen, führt uns vor, wie schwach die Ausrede im Grunde genommen ist, indem es eine stattliche Reihe von Rezepten anbietet, die dürftige Zutaten in schlichte Festmahle verwandeln. Nein, Forster zufolge sind es eher Eigenschaften, die im Charakter der Briten tief verwurzelt sind, die zu der Fortdauer schlechter Koch- und Eßgewohnheiten führen: Ein passives Naturell, gepaart mit einer puritanischen Einstellung gegenüber irdischen Freuden.

William Somerset Maugham hat einmal gesagt, daß es nur eine einzige Art gibt, sich mit der englischen Küche zu arrangieren, und zwar indem man dreimal am Tag frühstückt. Dabei schwebten ihm mit Sicherheit nicht die von Forster geschilderten Varianten von Haferbrei und Backpflaumen vor, sondern vielleicht frisch gegrillte Würste und Speck, Rühreier, gebratene Pilze mit Tomaten, eine dicke Scheibe Vollkorn- oder irisches Sodabrot, oder eine Schüssel heißen, dampfenden, auf die richtige Art zubereiteten Haferbreis, gefolgt von geräuchertem Schellfisch. Die Vorstellung, daß englisches Essen durchweg mies sein muß, beginnt, sich aufzulösen, angesichts des traditionellen, fett- und proteinreichen Frühstücks, das genügend Kraft verleiht, um Englands notorisch feuchtem Klima die Stirn bieten zu können.

Ich mache mir Gedanken über jene, die sich an der englischen Küche vergehen, sie ihrer Freuden berauben, indem sie es vorziehen, grauen Haferbrei und Backpflaumen anstelle des althergebrachten, überaus schmackhaften Frühstücks auf den Tisch zu bringen. Sind sie lediglich unwissend, oder begehen sie ihre Verbrechen aus purer Gleichgültigkeit?

»Als ich zum Essen nach Hause kam und sah, wie schwarz das Fleisch war, überwarf ich mich mit meiner Frau und dem Dienstmädchen wegen ihrer Liderlichkeit«, schreibt Samuel Pepys in seinem Tagebuch und verewigte somit das Versagen seiner Frau als Köchin. Ich hoffe nur, daß Elizabeth Pepys Handlungen beabsichtigt waren und nicht Ergebnis von Unvermögen oder Gleichgültigkeit; ich hoffe, daß sie dabei war, sich auf kulinarischer Ebene an ihrem Mann für seine Herumtreiberei zu rächen. Am 13. November 1660 ließ die zwanzigjährige Elizabeth jedenfalls ihre Pasteten und Torten zu lange im Ofen, dessen Hitze sie nach fünf Ehejahren anscheinend nicht einzuschätzen wußte, und wieder konnte es Samuel nicht lassen, das verdorbene Mahl in seinem Tagebuch zu schildern. Vielleicht war es auch so, daß Elizabeth sehr wohl umsichtig geplant und gehandelt hat, um ein gelungenes Essen zustande zu bringen, nur daß ihr der Küchenteufel einen Strich durch die Rechnung machte. Dieser Dämon wird einige Jahrhunderte später von der Schriftstellerin Zora Neale Hurston beschrieben, wie er sich in die Küchen schleicht und eine übelriechende Schweinerei in die Töpfe und Pfannen schmuggelt. In Hurstons Roman *Their Eyes Were Watching God* bekommt Janey eine Ohrfeige von ihrem Mann, weil sie das Essen verdorben hat. Noch ein Mann, der seine kulinarische Strafe verdient hat.

Die Pepys aßen gerne, trotz der gelegentlichen Küchenkrisen und der unzuverlässigen Lebensmittelversorgung. In jenen Tagen war die Butter oft ranzig, und der Geschmack von verdorbenem Fleisch ließ sich nur durch die wahllose Zugabe möglichst vieler Gewürze – Ingwer, Zucker, Nelken, Zimt und Safran – einigermaßen überdecken. In Pepys Tagebüchern werden reihenweise Speisen und Getränke erwähnt, die heute fast niemand mehr kennt. S. A. E. Ström stellt sie in *And So To Dine* vor:

»Botarga: eine stark gesalzene Form von Kaviar, vom Thunfisch oder aus Hirse.

Innereienpastete: aus der Leber, dem Herz und der Niere des Rehs.

Lammwolle: ein traditionelles Weihnachtsgetränk aus gewürztem Ale (helles, obergäriges Bier), gemischt mit Apfelpüree.
Sackmolke: geronnene Milch mit Ale und Wein, zumeist Sherry.[1]
Wigges: Kümmelkekse.«

Speisen, die unserem heutigen Geschmack vertrauter sind, waren Pepys wiederum nicht geheuer. 1669 machte er sich Sorgen, daß der halbe Liter Orangensaft, den er gerade getrunken hatte, ihm schaden könne.

Einerseits klagte Pepys über die Schlampigkeit, die seine Frau in der Küche an den Tag legte, andererseits lobte er aber ihr Hühnchenhaschee, ihre Rippchen und ihre Pasteten, also ist es eher unwahrscheinlich, daß Elizabeth Pepys der Inbegriff der miserablen englischen Köchin gewesen ist. Nein, die wahren Küchenkriminellen, wie die von Forster Geschilderten, sind die, die ihren Gästen lieblos unappetitliche, schlecht zubereitete Gerichte vorsetzen, und keinen Gedanken daran verschwenden, vielleicht etwas hinzuzulernen. Ein beliebtes Kochbuch aus dem 18. Jahrhundert, verfaßt von »A Lady«, weist seine Leserschaft darauf hin, daß »die meisten Menschen Gartenerzeugnisse verderben, indem sie sie zu lange kochen lassen«. Ich wünschte, mehr englische Köche hätten sich dies hinter die Ohren geschrieben. Zerkochtes Gemüse ist zu einer Art Wahrzeichen der englischen Küche geworden. Da Suppen und Eintöpfe ohnehin seit Jahrhunderten hauptsächlich von den Briten gekocht werden, wird das Zerkochen von Gemüse so stark mit ihnen assoziiert, daß es »à l'Anglaise« genannt wird.

Versuchen Sie einmal, so wie Forster es tat, sich die schlimmste Mahlzeit Ihres Lebens ins Gedächtnis zu rufen, jene Mahlzeit, bei der Sie die halbherzigen Bemühungen eines gleichgültigen Kochs über sich ergehen lassen mußten. Meine schlimmste Mahlzeit fand in einem schottischen Restaurant statt, wo ich eine Forelle à la Rob Roy bestellt hatte. Sie war mit Hafermehl paniert und gebraten. Sie hatte das Aussehen und die Beschaffenheit von Pappmaché, und, wie sich sehr bald herausstellte, auch den Geschmack. Als ich sie zurückgehen ließ, sah mich die Kellnerin mit einem Ausdruck sprachlosen Entsetzens an, aus dem sich schließen ließ, daß bislang jeder, der in diesem Lokal Forelle à la Rob Roy bestellt hatte, sie denn auch resigniert und ohne zu murren verzehrt hatte. Läßt sich Ihr schlimmstes Eßerlebnis hiermit vergleichen? Oder eher mit den unglaublich schrecklichen Butterbroten, die George Orwell einst in einer Pension kredenzt wurden, wie er in *Der Weg nach Wigan Pier* berichtet?

»Wie es allen jenen Menschen eigen zu sein scheint, die immer dreckige Hände haben, so hatte auch er die Angewohnheit, Dinge auf eine eigenartig intime und sehnsüchtige Weise anzufassen. Wenn man eine Scheibe Butterbrot von ihm gereicht bekam, war jedes Mal ein schwarzer Daumenabdruck darauf.
Zum Tee gab es noch mehr Butterbrote, sowie zerbröckelte Kuchenstücke, die man vermutlich als ›Ware vom Vortag‹ preiswert erstanden hatte. Das Abendessen bestand aus blassem, schlaffem Lancashirekäse und Zwieback, den man ehrerbietig als ›Sahnekräcker‹ bezeichnete. – ›Nehmen Sie sich doch noch einen Sahnekräcker, Herr Reilly. Zu Ihrem Käse würde Ihnen bestimmt ein Sahnekräcker schmecken.‹ – Wodurch man sich bemühte, die Tatsache zu beschönigen, daß es zum Abendessen nur Käse gab.«

Die britischen Internatsschulen folgen derselben knickerigen Tradition wie die Pensionen; auch dort ist das Essen notorisch schlecht. Die Schüler erwarten ungeduldig die Freßpakete von zu Hause, um endlich an etwas Genießbares heranzukommen. Daran hat sich im Laufe der Jahrhunderte nichts geändert. Als Charles Lamb zusammen mit Samuel Taylor Coleridge im späten achtzehnten Jahrhundert die Christ's Hospital Schule besuchte, bekam er einen ekelerregenden Eintopf, über den er sich später bitterlich beklagte. Auch Max Beerbom beschreibt, wie sehr er sich immer auf sein Care-Paket freute, das Würste enthielt, während seine Freunde mit der gleichen Sehnsucht auf Marmelade, Sardinen und eingelegtes Fleisch warteten. (Das Fleisch wird mit Fett versiegelt, um es vor Bakterien zu schützen.)

Virginia Woolf schildert in *Ein Zimmer für sich allein* ein trostloses Mahl, das sie in einem ärmlichen Frauencollege vorgesetzt bekam: Rindfleisch mit Bratensoße, Gemüse und Kartoffeln, »wobei man an die Hinterteile von Rindern auf einem schlammigen Marktplatz denken mußte, während der Rosenkohl an seinen Rändern gekräuselt und vergilbt war und unverkennbar nach Sonderangebot schmeckte«. Zum Dessert gab es Pudding mit Backpflaumen, die »so faserig waren wie das Herz eines Geizkragens«.

Wenn gastronomische Gleichgültigkeit mit Geiz zusammentrifft, entstehen kulinarische Scheußlichkeiten sowie die irrige Annahme, daß genügend Quantität mangelnde Qualität ersetzen kann. Außerdem untergräbt Geiz die Ideale der guten Küche. Die Kochbuchautorin Jane Grigson hat einmal gesagt, daß die Beschreibung der Schleimsuppe, die Oliver Twist im Armenhaus essen mußte, den Engländern für alle Zeiten den Appetit auf Suppe verdorben habe. Wo Gleichgültigkeit, Ignoranz und Geiz nicht zur Stelle sind, um eine Mahlzeit zu verderben, erzielt ihr Gegenteil, die Übertreibung, dieselbe Wirkung.

In Anthony Trollopes Roman *Miss Mackenzie*, der 1865 veröffentlicht wurde, gibt eine Frau ein vornehmes Diner à la Russe, bei dem eine große Anzahl an Dienern ein riesiges Aufgebot erlesener Speisen serviert, wobei es den Gästen nicht gestattet ist, auch nur einen Finger krumm zu machen. Ein tyrannischer Oberkellner versetzt das Küchenpersonal in Angst und Schrecken, was unnötige Verzögerungen zur Folge hat. So kommt das Essen schließlich kalt und fettig auf den Tisch – kein seltenes Übel in jenen großen, zugigen Häusern, in denen die Dienerschaft die Speisen aus der im Souterrain gelegenen Küche durchs ganze Haus schleppen mußte. Zu den zahlreichen Gerichten des Diners gehörten Suppen, Fisch, Hammelrücken, gekochtes Geflügel, Zunge, Desserts, um nur einige zu nennen.

»Welch eine Verschwendung! Die Makkaroni, die bunten Pyramiden schaumiger Süßspeisen, die niemand essen wollte, die alle zurück in die Küche gingen, wie auch die eisgekühlte Zwiebelpastete. Es war ein Mahl des Elends, der Verzweiflung, der Erniedrigung. Die Prahlerei war Herrscherin und Mrs. Mackenzie ihre niedrigste Sklavin.
Wozu das alles ...?
Ihr Platz in der Welt stand fest, und sie stellte ihn nicht in Frage, sie war nicht um einen gesellschaftlichen Aufstieg bemüht. Warum, also, mußte sie solch ein prätentiöses Mahl

veranstalten, ihren Geist strapazieren und ihre Seele verwunden, für nichts und wieder nichts? Warum hatte sie sich nicht auf den Hammelrücken beschränkt, den all ihre Gäste in fröhlicher Runde verspeist hätten?«

Als Jane Welsh Carlyle, die Frau von Thomas Carlyle, bei Dickens zu Gast war, empfand sie Verachtung für dessen »modischen« Umgang mit Essen. Sie schrieb ihrer Kusine, daß »eine solche Angeberei für einen Literaten unpassend ist. Man würde meinen, er definiere sich anders als über ›Schnickschnack und feinem Getue‹, wie es die alte Frau aus Annandale zu nennen pflegt. Das Mahl wurde entsprechend der neuesten Mode serviert, also nicht auf den Tisch gestellt, sondern einfach herumgereicht. Auf dem Tisch befanden sich nur Unmengen künstlicher Blumen und das Dessert – aber was für ein überladenes Dessert: Pyramiden aus Feigen, Rosinen und Orangen – o je!«

Das Bedürfnis, Eindruck zu schinden, hat den Briten den Zugang zu guter Küche und zu echter Gastfreundschaft verbaut. In seinem Tagebuch führte Samuel Pepys Buch über die Kosten der Mahlzeiten, zu denen er seine Freunde eingeladen hatte. Zugleich notierte er, wieviel sie ihrerseits investiert hatten, wenn sie ihn einluden. Daran maß er seinen gesellschaftlichen Status. Hundert Jahre später machte es sich die Schickeria zum Prinzip, französische Köche in ihre Dienste zu nehmen, die durch die Folgen der Französischen Revolution ihre Arbeitsstellen in aristokratischen Haushalten eingebüßt hatten. Die tatsächlichen Fähigkeiten des jeweiligen Kochs spielten dabei keine Rolle. In *English Food* schreib Jane Grigson, daß das englische Essen, das man zu dieser Zeit vorgesetzt bekam, nicht etwa schlechte britische Küche, sondern eine »prätentiöse und minderwertige Nachahmung französischer und italienischer Küche« war.

Die Kochbuchautorin Elisabeth David räumte ein, daß es die Engländer wohl allmählich satt hätten, sich andauernd anhören zu müssen, Kochen sei eine Kunst und die Franzosen deren Meister. Viel wichtiger sei es für die Engländer, zu lernen, daß die eigentliche Kunst des Kochens darin besteht, nicht immer zuviel des Guten zu tun. Als Beispiel nennt sie ein schlichtes Rezept aus der Provence, einem Gratin aus Zucchini und Reis, einer Scheibe Rindfleisch mit Weinsoße und

Kartoffelpüree und zum Dessert Kompott. Sie malt sich aus, wie es den Engländern gelingen würde, das Essen zu verderben, indem sie überflüssig würzen und dann so gewollt weltmännisch auftragen würden, daß die Schlichtheit, die den Reiz dieses Menüs ausmacht, dahin wäre. Sogar die wenigen Couragierten, die die englische Küche loben, indem sie sich auf die hochwertigen und vielfältigen Zutaten berufen, über die England in der Tat verfügt, müssen zugeben, daß es dennoch schwer ist, wirklich gutes Essen zu finden. Charles Cooper verteidigt in seinem um die Jahrhundertwende erschienenen Werk *The English Table in History and Literature* wacker und standhaft die englische Küche. Dennoch ist er als ehrlicher Mann gezwungen, zuzugeben, daß die Engländer nicht gerade den besten Gebrauch von Gemüse machen – wie er sich mit rührendem Understatement auszudrücken beliebt. Cooper war einer der wenigen Schriftsteller, die sich dem Brauch widersetzten, die englische Küche mit abgrundtiefer Verachtung zu betrachten. Dies tun sie bereits seit Jahrhunderten vor einem riesigen Publikum. Charles Dickens rief den Untergang der Koteletts und Steaks im Londoner Stadtbezirk West End aus, Nathaniel Hawthorne kritisierte wortgewaltig den Lebensstandard der englischen Hotels. Er schrieb, daß ihn die Braten und Fleischpasteten, die dort auf den Tisch kamen, an die Speisereste erinnerten, die man normalerweise wegwirft. Anthony Trollope stellte 1862 fest, daß die englischen Gasthäuser mit ihrem zähen Rindfleisch und minderwertigen Portwein ebensowenig zu empfehlen waren.

Aber alle diese Schriftsteller, auch Forster, verfluchen das Essen, das an öffentlichen Orten verkauft wird und das sich stark unterscheidet von den Mahlzeiten, die in Privathaushalten zubereitet werden. Ausgenommen ist auch die herzhafte ländliche Küche, die, statt auf ungekonnte Art dem nachzueifern, was sich der Engländer unter eleganter kontinentaler Küche vorstellt, still und unauffällig die Tradition gediegener britischer Küche aufrechterhält. Der Ruf der englischen Küche würde sich sofort verbessern, wenn die Köche ihre mißglückten Versuche, besonders kunstvoll zu sein, aufgeben und statt dessen zu einer schlichten, ehrlichen und anständigen Art des Kochens zurückkehren würden. Dabei könnten sie sich beispielsweise von Celia Fiennes (1662–1741) inspirieren lassen. In ihrem

Reisetagebuch, das 1888 unter dem Titel *Through England on a Side Saddle in the Time of William and Mary* erschien, begeistert sich Fiennes darüber, daß das Essen auf dem Lande schmackhafter ist als in London, da die Zutaten frischer sind. Zugleich ist es preiswerter, weil die Transportkosten entfallen. Sie schwärmt von Fruchtbonbons, von dem Lebkuchen, den es auf den Märkten zu kaufen gibt, von Regenbogenforellen und eingelegtem Fisch.(2) Celia hatte offenbar eine Vorliebe für Süßes:

»Als ich mich im Städtchen St. Austins aufhielt … brachte mir meine Wirtin eine jener Obsttorten, wie sie in West County gebacken werden … es war eine Apfeltorte mit Sahne obendrauf. Eine größere Freude kann man mir nicht machen. In dieser Region wird die Milch und die Sahne gekocht, und was oben auf die Apfeltorte kommt, ist eine Art Rahm mit einer Prise Zucker …«(3)

Syllabub, ein Dessert aus Wein mit Sahne, war ebenfalls ein beliebtes ländliches Gericht, das auch heute noch gelegentlich kredenzt wird. Eine Variante des Rezepts steht in Meg Dods Handbuch, *The Cook and Housewife's Manual* aus dem Jahre 1819. Die Fußnoten schreibt man übrigens Sir Walter Scott zu. Dort wird der Köchin empfohlen, die Milch beim Melken direkt in eine Schüssel mit Alkohol zu geben:

»Süßen Sie einen halben Liter Portwein, sowie dieselbe Menge Madeira oder Sherry und schütten Sie das Ganze in eine Porzellanschüssel. Melken Sie ungefähr eineinhalb Liter Milch dazu. Bald wird die Milch gerinnen und als Dickmilch an der Oberfläche schwimmen. Mahlen Sie ein wenig Muskat und streuen Sie es darüber. Fügen Sie, wenn Sie wollen, noch ein paar bunte kandierte Früchte hinzu.«

Jane Austen, die ihrer Familie das Frühstück selbst zubereitete und die Haushaltsvorräte an Tee, Zucker und Wein verwaltete, schrieb im Jahre 1808 an Althea Biggs in London und bat sie um ein Rezept für Syllabub, in dem diese mit Sevillaorangen zubereitet wird.(4)

Ein ländliches Gericht, das fast in Vergessenheit geraten ist, ist Furmity, auch Frumenty genannt, ein gegärtes und gesüßtes Getreide, das wie Haferbrei zubereitet wird. In Thomas Hardys *The Mayor of Casterbridge* versteigert Michael Henchard seine Frau und sein Kind, nachdem er von Furmity mit Rum sturzbetrunken wird. Hardy beschreibt das Gericht:

> *»Furmity ist nahrhaft; man wird zwischen Himmel und Erde schwerlich ein besseres Gericht finden. Aber die, die es nicht gewohnt sind, dürfte es zunächst einmal beträchtlich beeinflussen. Die Weizenkörner, die auf seiner Oberfläche schwimmen, quellen zu der Größe von Zitronenkernen auf.«*

Furmity wird hergestellt, indem man Vollkornweizen oder Gerste einige Tage in Wasser einweicht und an einem warmen Ort aufbewahrt. Wenn die Körner aufquellen und platzen, so daß die Stärke aus ihnen hervortritt, entsteht ein dickflüssiges Gelee. Die Furmity wird dann, unter Beimischung von Honig oder Zucker und warmer Milch, oder von Rosinen und Korinthen, erhitzt.[(5)] Viele ländliche Gerichte Englands nutzen die Gährungs- bzw. Gerinnungseigenschaften von Fleisch, Getreide oder Milch. Die schmackhaften Mahle erscheinen uns heutzutage befremdlich, da wir es gewohnt sind, tiefgefrorene oder anderweitig konservierte Lebensmittel zu uns zu nehmen. Hawthorne hat die in den Restaurants angebotenen Braten und Fleischpasteten beklagt; dennoch gibt es eine Fülle von wunderbaren Rezepten, um ein gelungenes englisches Sonntagsdinner – von den Amerikanern »Lunch« genannt – zustande zu bringen. Da gäbe es, zum Beispiel, Yorkshirepudding, geröstete Kartoffeln und Pastinak, oder gekochtes Rindfleisch mit Karotten, Erbsenpudding (pürierte Erbsen mit Butter), Knödel, Roastbeef mit Grieben und Apfelsauce. Zu diesen Menüs gibt es viele regionale Varianten. Gerne würde ich Forster zu einer dieser Mahlzeiten einladen, um ihn von dem üblen Nachgeschmack der Backpflaumen zu befreien.[(6)]

Dickens mag mit seiner Schilderung der Schleimsuppe in *Oliver Twist* allen Engländern den Appetit auf Suppe verdorben haben, durch seine Darstellungen traditioneller Gerichte wie Gänsebraten oder Weihnachtspudding schuf er jedoch auch so manche kulinarische Legende. In der Erzählung *Eine Weihnachtsgeschichte* sind die Feigen markig und saftig, die französischen Pflaumen erröten bescheiden und verbergen ihre Säure unter einem zuckersüßen Gewand, und die kandierten, in geschmolzenen Zucker getauchten Früchte lassen selbst dem unbeteiligtesten Betrachter das Wasser im Munde zusammenlaufen. Familie Cratchit wartet atemlos auf den Augenblick, da das Tranchiermesser die Brust der gebratenen Gans durchtrennt und seufzt aus tiefster Seele, als die Füllung hervorquillt. Als sie schließlich randvoll sind mit Salbei und Zwiebeln, wird der Weihnachtspudding aufgetragen, der aussieht »wie eine gesprenkelte Kanonenkugel, hart und fest und, mit in Brand gesetztem Brandy übergossen, in hellen Flammen stehend. Er ist geschmückt mit einem weihnachtlichen Stechpalmenzweig.«

Eine weitere Quelle sinnlichen Vergnügens stellt der traditionelle englische Tee dar. Laut Überlieferung rief ihn die Herzogin von Bedford in den dreißiger Jahren des letzten Jahrhunderts ins Leben, als eine kleine Zwischenmahlzeit, die den Hunger zwischen dem früh stattfindenden Mittag- und dem späten Abendessen stillen sollte. Der radikale Parlamentarier und Schriftsteller William Cobbett äußerte sich abfällig über den neuen Brauch: »Der Klatsch, der während der Teatime stattfindet, ist eine geeignete Vorbereitung fürs Leben im Bordell.« Dennoch liefert sein beliebtes Buch *Cottage Economy*, das im frühen 19. Jahrhundert erschien und jahrzehntelang immer wieder neu aufgelegt wurde, einige Rezepte, die zum Tee bestens geeignet wären, beispielsweise eine Anleitung für die Zubereitung von Zitronen- und Orangenblütenkuchen.(7) *Cottage Economy* empfiehlt nachdrücklich die Freuden schlichter, ländlicher Speisen wie selbstgebackenem Brot. (Cobbetts Wertschätzung gegenüber der Landbevölkerung hatte allerdings ihre entschiedenen Grenzen. Er beschreibt, wie er »einem großen, schweren Burschen in einem französischen Backhaus« dabei zusieht, wie dieser »mit seinen nackten (!) Füßen den Teig knetet! Seine Füße sahen zwar recht weiß aus, aber ich konnte natürlich nicht feststellen, ob sie das schon waren, bevor er in den Trog gestiegen ist. Gott behüt', daß ich dergleichen in England erleben sollte!«

Ich habe schon traditionelle englische Gerichte zu Hause zubereitet und mich gefreut über das Wohlbefinden, das ich meinem Gast ansehen konnte, während er sich den letzten Rest Bratensoße aus dem Mundwinkel tupfte. Aber wenn ich in England auswärts essen gehen wollte, mußte ich vorher eine Forschungsreise antreten, um ein anständiges Lokal auszukundschaften. »Wir erwarten kein gutes Essen, wenn wir auswärts speisen«, schreibt Forster, »und wenn wir in einem Transportmittel, wie einem Zug oder Schiff essen, rechnen wir damit, die absolute Pampe zu bekommen – und dies geschieht meistens auch.« Forster bezweifelte, daß das gute Essen, das es in England gibt, jemals seinen Weg auf die Tafeln der öffentlichen Lokale der Nation finden würde. Es ist sinnlos, sich zu beklagen, sagte er, das System versteht sowieso nicht, was wir empfinden.

Forsters Überzeugung, daß die Briten dem System, das sie geschaffen haben, ausgeliefert sind, werden Sie spätestens dann nachvollziehen können, wenn Sie eines Tages bei klirrender Kälte zwei Minuten nach Ende der Mittagszeit noch nicht einmal mehr einen einfachen Bauernteller mit Brot, Käse und eingelegten Zwiebeln bekommen. »Tut uns leid, Liebchen, die Küche ist geschlossen«, wird man Ihnen sagen.

Ford Madox Ford, der eine Zeitlang den Köchen des Königlichen Expeditionskorps vorstand, behauptete allerdings, daß er in der Lage sei, akzeptables Essen aufzutreiben, und daß es folglich auch jedem anderen gelingen müsse. »Wenn ich wie ein ganzer Mann meine Bedürfnisse in soldatischer Sprache ausdrücke, wird ihnen verdammt nochmal auch entsprochen.« Die Briten sind sich also ihres Rechtes nicht bewußt, auf Fords soldatische Weise gutes Essen zu fordern, deshalb haben sie seit jeher stillschweigend geduldet, daß man ihnen in den Restaurants elenden Fraß vorsetzt.

Auch die Essensqualität in den englischen Haushalten variiert. Häufig ist sie beeinträchtigt durch den sturen puritanischen Einschlag, der der britischen Mentalität eigen ist. Die Kochbücher von Jessie Conrad *A Handbook of Cookery for a Small House* und *Home Cookery* beginnen mit Einleitungen, die ihr Mann Joseph verfaßt hat. Er erläutert darin den Zusammenhang zwischen gutem Kochen und Moral. »Wenn ich von gutem Kochen spreche, dann meine ich damit die gewissenhafte Vorbereitung einfacher Speisen im Alltag«, schreibt er, »nicht etwa die mehr oder minder geschickte Zusammenstellung müßiger Festmahle und seltener Gerichte. Gewissenhaftes Kochen ist der natürliche Feind der Völlerei.« Auch die Suche nach einfachem Essen kann man übertreiben; in den Kochbüchern Jessie Conrads herrscht strenges Nutzdenken. Mit folgenden, recht entmutigenden Maßgaben leitet sie ihr Werk ein:

»Kochen sollte nicht zu zeitaufwendig sein. Eineinhalb Stunden fürs Mittagessen und zweieinhalb fürs Abendessen sollten ausreichen. ... Aber wenn man erst einmal angefangen hat zu kochen, dann sollte man auch seine ganze Aufmerksamkeit und Sorgfalt darauf verwenden. Ganz gleich, wie einfach das Gericht sein mag, es wird sich niemals von alleine zubereiten. Solange das Kochen im Gange ist, dürfen Sie die Küche nicht verlassen, außer aus einem zwingenden Grund, und auch dann nur für ganz wenige Minuten.

Wenn man in einem kleinen Haus lebt, dann ist der Küchengeruch wie ein Fluch, der einen überall begleitet. Sehr wenige haben darunter nicht zu leiden. Dabei wäre es gar nicht notwendig, dies zu erdulden. Das Übel wird weichen, wenn Sie auf eine einfache, aber sorgfältige Weise Ihre Essensvorbereitungen treffen. Dies ist auch der Grund, daß ich Ihre ständige Anwesenheit in der Küche für erforderlich halte.«

Ein deutlicher Mangel an Sinnlichkeit zeichnet sich in Jessies Büchern ab. Sie ist regelrecht von der Frage besessen, wie man sich am besten schlechter Gerüche sowie Essensresten entledigt. Weichen Sie eine Pfanne, in der Sie Eier und Speck gebraten haben, niemals in kaltem Wasser ein, da sich ansonsten ein unangenehmer Geruch entwickeln wird, rät sie. Bückling ist da schon problematischer, aber Jessie läßt sich nicht unterkriegen, sondern empfiehlt eine Methode der Zubereitung, bei der wechselweise gebraten und gebacken und somit jegliche Geruchsbildung vermieden wird.

John Conrad beschreibt in der Biographie seines Vaters Joseph, wie schwierig dieser werden konnte, wenn ihm sein Essen nicht paßte. Er schickte es zurück in die Küche und ordnete an, daß es beim nächsten Mal anständig zubereitet zu sein habe:

»Er verabscheute Haferbrei, dem er eine Reihe von Schimpfworten zudachte ›verdammter Fischkleister‹, ›verflixter Froschlaich‹, ›Abstoßend! Wie roher Teig‹, Seine Abneigung ist hauptsächlich auf die wenig einladende Farbe und Beschaffenheit

des Haferbreis zurückzuführen, der damals in den meisten Hotels serviert wurde ... Obwohl meine Mutter Brotsoße auf eine annehmbare Weise zubereitete, mochte JC sie ebensowenig wie gekochtes Huhn, das er als eine Verschwendung guten Essens bezeichnete.«

❆ Jessie Conrads Rezept für Brotsoße

Schälen und vierteln Sie eine Zwiebel und kochen Sie sie bei niedriger Flamme in ¼ Liter Milch, bis sie ganz zart geworden ist. Zerbrechen Sie ein Viertelpfund altbackenes Brot in kleine Stücke oder zermahlen Sie es zu Semmelbröseln. Sieben Sie die Zwiebelmilch durch und geben Sie sie zusammen mit dem zerkleinerten Brot in eine saubere Pfanne, decken Sie die Masse zu und lassen Sie sie eine Stunde lang ziehen. Anschließend schlagen Sie sie mit einer Gabel gut durch und fügen ein wenig Salz, eine Prise Cayennepfeffer und entweder einen Klecks Sahne oder ein walnußgroßes Stück Butter hinzu.

Josephs zimperlicher Geschmack und sein Hang zu Vorwürfen sowie Jessies Pragmatismus führten dazu, daß in ihrem Haushalt Kochen nichts mit Vergnügen gemein hatte. Schade, daß sie in dieser Hinsicht kein kulinarischer Einzelfall sind.

1851 erschien ein kleines Kochbuch mit dem Titel *What Shall We Have for Dinner*, verfaßt von Catherine Hogarth, Dickens Ehefrau, allerdings unter dem neckischen Pseudonym Lady Maria Clutterbuck. Dickens, der in seinen Werken mehr aufwendige Mahlzeiten beschrieben hat als die meisten Schriftsteller in ihrem ganzen Leben gegessen haben, muß die langweilige, schwerfällige Kost, die im Kochbuch seiner Frau beschrieben wird, verabscheut haben.

Ähnlich wie Forster deutet George Bowden in seinem Buch *British Gastronomy* an, daß es größtenteils dem puritanischen Erbe der Engländer zuzuschreiben sei, daß ihre Küche so schlecht ist: die Vorstellung, daß es sündig sei, an Essen zu denken oder gar davon zu sprechen, oder die, daß Gewürze zu meiden sind, weil sie angeblich Leidenschaft erwecken, und das Verteufeln und Verbannen von prachtvollen, luxuriösen Weihnachtsspeisen. Es gibt genügend literarisches und kulinarisches Beweismaterial, um Bowdens These Glaubwürdigkeit zu verleihen. Samuel Johnson, dessen Gefräßigkeit sprichwörtlich war, erteilte sich in seinem Tagebuch folgende Rüge:

»Ich habe mich nicht gebessert, ich habe ein völlig nutzloses Leben geführt, sinnlich in Gedanken und süchtig nach Fleisch und Wein.« Während seiner letzten zwölf Lebensjahre gewöhnte er sich den Wein ab, ersetzte ihn jedoch durch Schokolade, der er Unmengen Butter und Sahne untermischte. Sir Walter Scott genoß einst als Kind ein Mahl so derart überschwenglich, daß sein Vater darin einen Akt verderbter Sinnlichkeit zu erkennen glaubte und ihm kaltes Wasser in die Suppe goß, um den Teufel zu ertränken. »Ein Engländer hält sich für moralisch, wenn er sich nur unwohl fühlt«, schreibt George Bernard Shaw in *Mensch und Übermensch*. Ist es jene lustfeindliche Komponente eines puritanischen Erbes, die uns dazu bringt, uns als Sünder zu fühlen, wenn wir etwas essen, das besonders fett- und kalorienreich ist? Oder die einige von uns dazu verführt, die Maßlosigkeit unserer Mitmenschen begeistert zu mißbilligen?

Wenn wir einmal annehmen, daß die Weisheit »Du bist, was du ißt« stimmt, kann es dann sein, daß jene historischen und literarischen Persönlichkeiten, die für ihre Sauertöpfischkeit und Gehässigkeit bekannt sind – wie Oliver Cromwell oder Scrooge –, diese Wesenszüge entwickelt haben, weil ihnen ihr Essen nicht schmeckte? Sind sie mit schlechtem Essen aufgewachsen, so daß sich dessen Gift untilgbar in ihren Geist und ihre Seele hineingefressen hat? Hat eine überproportional große Anzahl geronnener Seelen bei der Entstehung der britischen Küche mitgewirkt?

Wenn die Briten doch bloß aufhören würden, Backpflaumen auf den Tisch zu bringen, und sich statt dessen den Speisen widmen würden, deren Zubereitung sie beherrschen; etwa Sauerteigfladen oder weiche Hafermehlkuchen, die so gut zu einer dampfenden Kanne Tee passen, oder, als Sonntagsmahl, Braten mit Yorkshirepudding oder die Wildpasteten und all die anderen herzhaften Speisen, die es in jenen ländlichen Gasthöfen gibt, die so schwer zu finden sind. Es gibt in England gutes Essen – man muß nur bereit sein, hart zu arbeiten, um es aufzutreiben. Auf alle Fälle war E. M. Forster auf dem falschen – Zug!

(1)

❁ Sackmolke

Phillipa Pullar gibt uns in »Consuming Passions« ein Rezept für die Zubereitung von Sackmolke, das ursprünglich von Sir Walter Raleigh stammt. Man nimmt dafür jeweils einen Viertelliter Sherry und Ale, bringt den Alkohol zum Kochen und gießt nach und nach ca. einen Liter kochendheiße Sahne oder Milch hinzu. Die Mixtur wird nun gesüßt, mit Muskat gewürzt und einige Stunden lang heiß aufbewahrt.
Zuweilen verwendet man auch Rotwein oder Orangensaft. Um einen eßbaren Posset herzustellen, fügt man, laut C. Anne Wilson in ihrem Buch »Food and Drink in Britain«, dem mit Ale gekochten Posset Semmelbrösel bei. Eine reichhaltigere Variante wird mit Eiern, geriebenem Zwieback oder Mandeln gekocht.

(2)

❁ Wie man Lachs in Fett einlegt

AUS: HANNAH GLASSE, »THE ART OF COOKERY MADE PLAIN AND EASY«, 1774

Entschuppen und entgräten Sie eine Scheibe frischen Lachs. (Stimmen Sie die Menge auf die Größe Ihres Topfes ab.) Würzen Sie nun den Lachs mit Jamaikapfeffer, schwarzem Pfeffer, feingestampften Muskatnußblüten und Nelken, und mischen Sie Salz darunter. Streichen Sie auch ein wenig von der Gewürzmischung auf die Gräte. Gießen Sie nun geschmolzene Butter darüber und lassen Sie es gut durchbacken. Nehmen Sie dann das Gericht sorgfältig aus dem Ofen, lassen Sie es abtropfen und erkalten. Würzen Sie es dann noch einmal nach und legen sie es in den Topf, den Sie mit geschmolzener Butter versiegeln.
Mit Karpfen, Schleie, Forelle und anderen Fischen wird ebenso verfahren.

(3)

❁ So backt man einen Apfelkuchen

AUS: HANNAH GLASSE, »THE ART OF COOKERY MADE PLAIN AND EASY«, 1774

Machen Sie einen guten Blätterteig und legen Sie die Backform damit aus. Schälen und entkernen Sie einige Äpfel, schneiden Sie sie in Scheiben und legen Sie sie auf den Teig. Streuen Sie die Hälfte des Zuckers, den Sie zu verwenden beabsichtigen, darüber, sowie ein wenig kleingehackte Zitronenschale, ein paar Tropfen Zitronensaft und, hier und da, eine Nelke. Dann werden die restlichen Apfelscheiben aufgeschichtet und abermals mit Zucker bestreut und mit Zitronensaft beträufelt. Kochen Sie die Apfelschalen und -gehäuse in sauberem Wasser, in das Sie eine Nelkenblüte legen. Wenn die Masse breiig gekocht ist, sieben Sie sie durch und kochen nun daraus einen dickflüssigen Sirup, mit dem Sie den Kuchen übergießen. Nun bedecken Sie ihn mit Teig und backen Sie ihn ab. Nach Belieben können Sie noch Quitten oder Marmelade hinzufügen. Nach dem selben Rezept können Sie auch einen Birnenkuchen backen. Verwenden Sie dafür aber keine Quitten.

❁ Blätterteig

AUS: HANNAH GLASSE, »THE ART OF COOKERY MADE PLAIN AND EASY«, 1774

Nehmen Sie 4 Pfund Mehl, vermischen Sie ein halbes Pfund Butter mit einer Prise Salz und kaltem Wasser, so daß eine leichte Paste entsteht, die gerade fest genug ist, daß Sie sie kneten können. Rollen Sie die Paste aus, spicken Sie sie mit Butterstücken, und bestäuben Sie sie mit Mehl. Wiederholen Sie neun bis zehn Mal den Vorgang des Durchknetens und wieder Ausrollens, bis die Teigmasse eineinhalb Pfund Butter enthält. Diesen Teig können Sie für alle Pasteten verwenden.

Soße für süßen Pudding und für Törtchen

NACH: ISABELLA BEETON, »BEETON'S BOOK OF HOUSEHOLD MANAGEMENT«, 1859–1861

¼ l Milch
2 Eier
100 g Zucker
1 Tl. Brandy
Muskatnuß

Bringen Sie die Milch in einem Topf zum Kochen. Schlagen Sie die Eier, rühren Sie sie in die Milch und fügen Sie ein wenig Zucker hinzu. Gießen Sie nun die Mixtur in einen Krug und stellen Sie diesen in einen Topf kochenden Wassers. Rühren Sie ständig, bis die Masse eine breiige Konsistenz annimmt. Sie darf allerdings nicht kochen, weil sie dann gerinnen würde. Geben Sie die fertige Soße in eine Terrine, rühren Sie den Brandy unter und mahlen Sie ein wenig Muskat darüber.

Geronnene Sahne

AUS: HANNAH GLASSE, »THE ART OF COOKERY MADE PLAIN AND EASY«, 1774

Geben Sie eine Tasse Milch in einen Topf und setzen Sie ihn auf die Feuerstelle, gießen Sie sechs Teelöffel Rosenwasser mit hinein. Binden Sie vier oder fünf große Muskatblüten mit einem Bindfaden zusammen und tun Sie diese ebenfalls in einen Topf. Sobald die Milch kocht, geben Sie zwei geschlagene Eidotter und einen Liter guter Sahne hinzu, rühren Sie die Mischung gut um, und achten Sie darauf, daß sie nicht kocht, nachdem Sie die Sahne hineingegeben haben. Schütten Sie den Topfinhalt nun in ein anderes Gefäß, und lassen Sie ihn über Nacht stehen. Am nächsten Tag können Sie die auf der Oberfläche schwimmende Dickmilch abschöpfen und auftragen.
Wenn man die Sahne über Nacht stehen läßt, bildet sich eine dicke Schicht an der Oberfläche, die man dann abschöpft. Elisa Acton, deren Kochbuch »Modern Cookery for Private Families« hundert Jahre nach dem von Hannah Glasse erschien, teilt dem Leser mit, daß man Dickmilch in Butter verwandeln kann, indem man sie in einer flachen Holzwanne schlägt.

(4)

❁ Wie man geschlagenen Syllabub zubereitet

AUS: HANNAH GLASSE, »THE ART OF COOKERY MADE PLAIN AND EASY«, 1774

Nehmen Sie einen Liter dicker Sahne sowie ein Glas Sekt, den Saft von zwei Sevilla-Orangen oder Zitronen, zerreiben Sie die Schalen zweier Zitronen, messen Sie ein halbes Pfund Zuckerraffinade ab, geben Sie alles zusammen in ein breites irdenes Gefäß und rühren Sie kräftig. Füllen Sie Ihre Gläser mit Rotwein oder Sekt und geben Sie den Schaum, der vom Syllabub aufsteigt, auf Ihr Getränk. Sie sollten dies nicht lange stehenlassen, sondern bald austrinken. Viele benutzen für die Zubereitung von Syllabub gesüßten Cidre oder irgendeinen anderen Wein, je nach Belieben, oder auch Orangen- oder Zitronensaft, der mit einem Achtelliter Milch vermischt wird. Sobald die Milch geronnen ist, wird die Molke abgegossen und die Dickmilch gesüßt. Sollten Sie den Saft färben wollen, können Sie dies mit Spinatsaft, Safran oder Koschenille tun.

(5)

❁ Die Zubereitung von Furmity

AUS: HANNAH GLASSE, »THE ART OF COOKERY MADE PLAIN AND EASY«, 1774

Nehmen Sie ein Pfund gekochten Weizen, zwei Liter Milch, ¼ Pfund entkernter und gewaschener Korinthen, mischen Sie diese Zutaten zusammen und kochen Sie sie. Schlagen Sie drei bis vier Eidotter, rühren Sie ein wenig Muskat und zwei bis drei Teelöffel Milch dazwischen, gießen Sie sie mit in den Kochtopf und lassen Sie das ganze einige Minuten unter Rühren kochen. Nun müssen Sie das Gericht nur noch nach Ihrem Geschmack süßen und es auf den Tisch bringen.

(6)

❁ Hervorragende Meerrettichsoße (heiß oder kalt zu Roastbeef)

AUS: ELIZA ACTON, »MODERN COOKERY«, 10. AUFLAGE, 1850

Waschen und trocknen Sie einen jungen Meerrettich, zerreiben Sie ihn so klein wie möglich mit dem Reibeisen. Verrühren Sie nun ungefähr 60 Gramm Meerrettich mit einem Teelöffel Salz und vier Eßlöffeln guter Sahne, gießen Sie, nach und nach, unter schnellem Rühren drei Dessertlöffel Essig hinzu. Sollte der Meerrettich mild sein, dann empfiehlt es sich, einen Eßlöffel Chiliessig und zwei weitere Eßlöffel normalen Essig zu verwenden. Geben Sie die Soße in einen kleinen, vollkommen sauberen Topf, halten Sie ihn übers Feuer, aber stellen Sie ihn nicht darauf, und rühren Sie ununterbrochen, bis die Soße beinahe kocht. Kochen darf sie allerdings nicht, da sie sonst gerinnen wird.

❁ Guter Yorkshirepudding

AUS: ELIZA ACTON, »MODERN COOKERY«, 10. AUFLAGE, 1850

Um einen leichten, schmackhaften Yorkshirepudding zuzubereiten, nehmen Sie die selbe Anzahl von Eiern und von gehäuften Teelöffeln Mehl sowie einen Teelöffel Salz zu jedem sechsten Ei. Schlagen und sieben Sie die Eier gut durch, geben Sie sie nach und nach ins Mehl und gießen Sie soviel frische Milch hinzu, wie nötig, um dem Teig die Konsistenz dünnflüssiger Sahne zu verleihen. Stellen Sie die Backform unter einen Braten, so daß sie die Bratensoße auffängt, und gießen Sie den Teig hinein, nachdem Sie ihn noch einmal durchgerührt haben. Am besten ist übrigens der Saft eines Rinderbratens geeignet. Wenn der Pudding auf dem Herd steht, geben Sie acht, daß er nicht anbrennt und daß die Ränder ebensoviel Hitze abbekommen wie die Mitte. Wenn der Pudding überall fest und angenehm gebräunt ist, wenden Sie ihn. Dies ist am einfachsten, wenn man ihn vorher in Viertel zerlegt. In Yorkshire macht man einen flacheren Pudding als im Süden. Er wird zumeist auf einer riesigen Feuerstelle gebraten und überhaupt nicht gewendet. Manchmal wird er mit Korinthen zubereitet.

6 Eier, 6 gehäufte Eßlöffel (bzw. ungefähr 200 Gramm) Salz, ein knapper halber Liter Milch, 1 Teelöffel Salz. Zubereitungsdauer: zwei Stunden.

(7)

REZEPTE ZUM TEE

Zum Tee kann man Sandwiches, Kuchen oder Brötchen mit Marmelade oder Dickmilch anbieten.

❆ Ein feiner Kuchen

NACH: WILLIAM COBBETT, »COTTAGE ECONOMY«, 1867

Schlagen Sie drei Eier in die Pfanne und geben Sie folgendes dazu: 200 Gramm Maismehl, 120 Gramm Zucker, geriebene Zitronenschale, 5 Eidotter, 3 Eiweiß und einen Teelöffel Orangenblütenwasser. Schlagen Sie den Teig 20 Minuten lang durch und gießen Sie ihn dann in drei Backformen. Die Backzeit beträgt 45 Minuten; in dieser Zeit werden die Kuchen goldbraun.

❆ Sauerteigfladen

NACH: ISABELLA BEETON, »BEETON'S BOOK OF HOUSEHOLD MANAGEMENT«, 1859–1861

Sie benötigen zu jedem Liter Milch 45 Gramm deutscher Hefe, sowie Mehl und eine Prise Salz. Erwärmen Sie die Milch, vermischen Sie sie mit der Hefe, geben Sie sie in einen Topf und verrühren Sie sie mit Mehl zu einer Teigmasse. Bedecken Sie den Teig mit einem Tuch und lassen Sie ihn an einem warmen Ort eine halbe Stunde aufgehen. Gießen Sie dann den Teig in Eisenringe, die auf einer vorgeheizten Platte bereitstehen sollten, backen Sie die Fladen ab und wenden Sie sie, sobald die eine Seite braun ist.
Um die Fladen zu rösten, sollten sie mit einer Gabel an – nicht in – ein loderndes Feuer gehalten werden, bis sie von einer Seite appetitlich gebräunt sind. Dann werden sie gewendet, von der anderen Seite geröstet und zuletzt mit guter Butter bestrichen.

❁ Victoria Sandwiches

AUS: ISABELLA BEETON, »BEETON'S BOOK OF HOUSEHOLD MANAGEMENT«, 1859–1861

Man nimmt 4 Eier, wiegt sie ab und nimmt dann dieselbe Menge Zucker, Butter und Mehl sowie einen viertel Löffel Salz und eine Lage Marmelade.
Schlagen Sie die Butter cremig, rühren Sie das Mehl und den Zucker gut ein und fügen Sie dann die Eier hinzu, die Sie zuvor durchgeschlagen haben sollten. Nachdem Sie die Mixtur ungefähr 10 Minuten lang kräftig gerührt haben, fetten Sie eine Yorkshirepudding-Backform mit Butter ein, gießen Sie den Teig hinein und backen Sie ihn 20 Minuten bei mittlerer Hitze. Anschließend lassen Sie den Kuchen auskühlen, schneiden ihn der Breite nach durch, bestreichen die eine Hälfte mit Marmelade und fügen die Teile mit leichtem Druck wieder zusammen. Schneiden Sie nun den Kuchen in Längsstreifen, die Sie über Kreuz auf einer Glasplatte stapeln und so anbieten.

6

Hunger-künstler

DAS GEFÄNGNISTAGEBUCH VON POMMES AMERIKANISCHEM LIEBHABER

Im Schlaf nannte Pomme den Namen Jeremy, und als sie morgens erwachte, riet sie mir, alleine zu verreisen. Sie habe geträumt, erzählte sie mir, daß mir das Alleinsein guttun würde, daß es mir ermöglichen würde, die Disziplin aufzubringen, endlich meinen Roman zu schreiben. Ich fragte sie, wer Jeremy sei. Sie sah verblüfft aus und sagte nur, er sei ein mächtiger Mann gewesen, von dem sie harte, aber wichtige Lektionen in Sachen Kunst und Liebe erhalten habe.

Nun bin ich selbst dabei, etwas zu lernen. Mein Alleinsein ist kein freiwilliges mehr und womöglich erwarten mich ein endloses Hungern und eine lebenslange Haftstrafe in einem Gefängnis in Singapur. Mein einziger, gelegentlicher Gefährte ist ein uncharmanter malaiischer Gefängniswärter, der mir nun endlich meine Notizbücher und Stifte zurückgegeben hat. Ich höre schon den Dekan sagen: »Festgenommmen wegen Drogenschmuggels«, ich höre förmlich seine unterdrückte Freude über solch ein unerwartetes Geschenk, das ihm genügend Grund liefern wird, meine Festanstellung abzulehnen. Er mißbilligt nämlich meine leidenschaftliche Art, seinen Studenten die englische Literatur näherzubringen.

Als Alexandre Dumas das zaristische Rußland bereiste, stellte er begeistert fest, daß sein Werk und das seiner Kollegen – Lamartine, Hugo, Balzac, Musset, Sand – auch dort zu Ruhm gelangt war. Meine eigenen Reisen sind dagegen immer in einem einsamen Desaster geendet. Es gibt bestimmt

Menschen auf der Welt, die unglücklicher und hungriger sind als ich es bin. Aber im Augenblick kann ich mir nicht vorstellen, wer das sein könnte. Ich vegetiere hier seit Wochen vor mich hin. Gestern hat das Wintersemester begonnen. Vielleicht ignoriert die Universität einfach mein Telegramm. Vielleicht tut sie auch alles, was in ihrer Macht steht, um mich hier rauszuholen, nur, daß ich es niemals erfahren werde. Wenn ich der Wache Fragen stelle, sieht sie verständnislos diese seltsame Erscheinung an, die ihr zur Aufbewahrung anvertraut wurde.

Pomme sagte mir einmal, daß ich im Geiste die Lebenswege der Dichter, Abenteurer, Schriftsteller und Wandersleute nachvollziehen sollte, daß sich dann meine Besessenheit als lohnend erweisen würde. Aus irgendwelchen Gründen will bei mir der schöpferische Funke nicht zünden, wohingegen ihrer ein stetiges, leuchtendes Feuer lodern läßt. Wir sind gemeinsam gereist und haben uns die Wunder dieser Welt angesehen, uns inspirieren lassen, nicht von schönen Aussichten, sondern von der Vorstellung, daß einst Flaubert hier im Schatten der Sphinx weilte, daß Hemingway in diese Taverne einkehrte, als er herkam, um sich einen Stierkampf anzusehen, daß Byron diesen Schweizer Berggipfel erklommen und Rast gemacht hat, um dicke Scheiben Schäferpastete zu verzehren – ein heimeliges Gericht aus gehacktem Rindfleisch mit Zwiebeln und einer Schicht Kartoffelbrei obendrauf, das mir Pomme manchmal zum Abendessen machte. Ich wollte diesen Teil der Welt durch die Augen von Auden oder von Isherwood sehen, die mit der geheimnisvollen Madame Chiang Kai-shek Tee getrunken haben. Madame selbst aß nichts, und sie fragte, ob Dichter denn überhaupt Kuchen äßen oder ob sie geistige Nahrung vorzögen. Shelley schrieb einst, daß Liebe und Ruhm die Speisen der Dichter seien, aber Auden aß den Kuchen auf. Ich stellte mir vor, wie ich mich bei einer Tasse Tee auf der Veranda des Hotels Oriental entspanne, bevor ich zu wieder neuen Abenteuern aufbreche, so, wie es Conrad, Maugham und Forster getan hatten.

Bevor ich Pomme kennenlernte, erschien es mir als eine recht angenehme Lebensform, so in den Fußtapfen von Schriftstellern zu wandeln. Wie sie reiste ich gen Osten, und ich hatte genau die Aprikosenpaste dabei, die Alexandre Dumas beschreibt, die in der Sonne getrocknet und dann wie ein Teppich aufgerollt wird und die eine ausgezeichnete Marmelade ergibt, wenn man sie mit Wasser kocht. Wie Dumas genoß ich das Frühstück, das mir in mein Wüstenzelt gebracht wurde: Kamelmilch und Rosenmarmelade mit Honig und Zimt. Einen Sommer lang führte ich die Teilnehmer des »Harvard in Europa Programms« auf die Spuren von Herman Melville und Nathaniel Hawthorne, die ihrerseits den Fährten ihrer literarischen Ahnen gefolgt waren. Sie hatten, wie einst Swift, im Yacht Inn in Chester übernachtet, ebenso im Crown Inn in Oxford, wo Shakespeare seine Reisen nach Stratford zu unterbrechen pflegte. Zuletzt fuhren sie nach Konstantinopel, Byrons letztes Reiseziel, bevor er 1814 dem Fieber erlag. Und einmal wanderte ich, wie John Dos Passos, mit einer Frau durch die Pyrenäen, mit Ziegenkäse, Schwarzbrot, Honig und Tortillas als Wegzehrung, auf der Suche nach dem Gasthaus in der Nähe von Buguete, wo es die cremige Knoblauchsuppe mit Eiern gibt.

Bislang hatte ich eine romantische Vorstellung von jenen Dichtern, die in ihren Pariser Dachstuben hungerten. Ich bewunderte das Durchhaltevermögen, dessen sie fähig waren, obwohl der Hunger ihre Mägen zerfraß. Ihre Entbehrungen müssen in ihrem Leben und ihrem Werk unauslöschbare Spuren hinterlassen, ihre Ansichten, ihren Geschmack geprägt, ihre künstlerische Hingabe auf die Probe gestellt haben, dachte ich. Ich verherrlichte sie, stilisierte sie zu Gefangenen, die ihre Gefangenschaft erdulden mußten, bis sie ihren Wert unter Beweis gestellt hatten, um dann, falls sie mit Talent und Glück gesegnet waren, freigelassen zu werden und die Früchte der Bewunderung und des literarischen Ruhms zu ernten. Vielleicht geht es mir ja genauso wie jenen hungernden Künstlern, vielleicht ist es mir bestimmt zu hungern, bis ich mein Ziel anvisiert habe, so daß ich dann mit einem neugewonnenen Gefühl von Engagement und Entschlossenheit losziehen kann, mein Buch zu vollenden. Das würde ich gerne Pomme erzählen. Sie würde sich für mich freuen.

Gerade hat der Malaie einen Teller mit getrocknetem Curryreis unter meiner Tür hindurchgeschoben. Charles Baudelaire sagte einmal, daß es dort, wo keine Restaurants sind, nur einen Trost gibt, nämlich den, Kochbücher zu lesen. Da ich außer der paar Reiskörner nichts zu essen habe, werde ich von den Speisen träumen, die ich mir aus einem imaginären Kochbuch heraussuche, beispielsweise aus dem, das Goethe in seiner Schilderung des französischen Feldzuges von 1792 beschreibt. Ich bin wie seine rasend hungrigen Soldaten, die gierig über einen Küchenschrank herfallen, und, als sie ihn aufbrechen, nichts finden, außer einem sehr dicken Kochbuch. Eigentlich verhöhnt der Fund ihren Hunger, aber sie nehmen das Buch und versammeln sich ums Feuer, wo sie einander die verlockendsten Rezepte vorlesen und so tun, als wären sie dabei, wundervoll zu speisen. Dies »steigerte den Hunger und die Gier bis zur Verzweiflung, regte jedoch die Phantasie an«. Ich werde Schriftsteller auswählen, die heute an einem Fest in meiner Zelle teilnehmen sollen. Es wird ein modernes Symposion sein. Wir werden essen und trinken, uns zurücklehnen und über die Frauen und die Liebe sprechen.

Ich bin nicht der erste Mensch, der verhungert – ich bin nur der nächste, der an der Reihe ist. Früher amüsierte mich Edmond de Goncourts Darstellung der preußischen Belagerung von Paris. Die Preußen hatten die Lebensmittelversorgung unterbunden, und allmählich gingen die vorhandenen Lebensmittelvorräte zur Neige. Im Dezember 1870 ging De Goncourt zu Roos, einem englischen Metzger in Paris, wo er mit Belustigung feststellte, daß man das Elefantenbaby aus dem Zoo zu Fleisch verarbeitet und seine Haut im Laden an die Wand gehängt hatte. Zum Mittagessen verzichtete Edmond zugunsten einiger Lerchen auf Kamelnieren; eine Woche später beklagte er die exorbitanten Lebensmittelpreise und die Rationen, die inzwischen derart begrenzt waren, daß zwei Menschen drei Tage lang mit einem halben Pfund Pferdefleisch auskommen mußten. »Was die Massenware Kartoffeln und Käse betrifft, von der sich normalerweise die Armen ernähren«, schrieb er, »existiert Käse nur noch in der Erinnerung, und um an Kartoffeln heranzukommen, muß man schon Freunde in gehobenen Positionen haben, und auch dann zahlt man zwanzig Francs für einen Scheffel.« Ich finde Edmonds Verzweiflung nicht mehr witzig.

Ich lasse meine Studenten die Biographien der Schriftsteller lernen. Ich denke, wenn es mir gelingt, sie als Persönlichkeiten wiederaufleben zu lassen, dann werden ihre Werke für die Studenten einprägsamer und bedeutsamer sein.

Ich freue mich, wenn ich diese ungeduldigen jungen Augen zum Leuchten bringe. Émile Zola entging in Paris des Jahres 1860 knapp dem Hungertod, als er noch unbekannt und im selben Alter war wie heute meine Studenten. Er ernährte sich von Brot und wäßriger Suppe und schleppte sich benommen durch den Tag; er befand sich in jenem Zustand der Trägheit, der durch Hunger verursacht wird, den George Orwell Jahre später in *Erledigt in Paris und London* beschrieb. An guten Tagen konnte sich Zola von dem Kleingeld, das er sich verdiente, indem er Visitenkarten austrug oder auf seiner Fensterbank einen Spatzen einfing, ein winziges Stück Schweinefleisch kaufen. Dennoch hörte er nicht auf zu dichten. Ab und zu schrieb er seinem Freund Paul Cézanne einen Brief: »Ich habe nicht viele Illusionen, Paul. Ich weiß, daß ich nur Gestammel zustande bringe. Aber ich werde einen Weg finden.«

Zola lebte zusammen mit Dieben und Prostituierten in einer verdreckten, verlausten Hotelpension in der Rue Soufflot. Er fühlte sich elend, ihm war ständig kalt, und er hatte Hunger. »Ich spüre eine Schwere in meinem Magen und meinem Darm«, schrieb er. »Meine Innereien machen mir Kummer, und die Zukunft auch.« Er spazierte durch Les Halles, dem Markt, der vor Gerüchen überquoll; es roch dort nach Käse, nach Früchten, Fleisch und Schweiß. Das Erlebnis hat Zola gewiß die Tränen der Verzweiflung in die Augen getrieben, aber später wurde es das Kernstück seines Romans *Der Bauch von Paris*. Paul Cézannes langersehnte Ankunft, von der er sich ein gemeinsames künstlerisches Streben erhofft hatte, wurde zur Enttäuschung. Der Maler stellte fest, daß Paris auf ihn nicht so inspirierend wirkte, wie er geglaubt hatte, begab sich bald gen Süden und ließ Zola alleine zurück. 1862 wurden dann einige Gedichte Zolas veröffentlicht, und er fand Arbeit in der Exportabteilung des Hachette Verlages.

Fünfunddreißig Jahre später schrieb Zola, der sich inzwischen einen unersättlichen Appetit und einen bemerkenswerten Umfang angeeignet hatte, *J'Accuse*, worin er das Urteil im Falle Dreyfus in Frage stellte und somit gezwungen war, nach England ins Exil zu gehen, wo er das Essen abscheulich fand. Er haßte den Mangel an Salz und Soßen, das wäßrige Gemüse, das schwammige Brot, die unappetitlichen Desserts, und einmal mußte er, als er ein Stück Kuchen aß, die unangenehme Erfahrung machen, unvorbereitet auf eine Nelke zu beißen. Vergessen waren jene mageren Jahre, als er für jedes Stück Küchenabfall dankbar gewesen wäre. Wäre ich mit Zola zum Abendessen verabredet, dann würde ich mit ihm ins Restaurant Trap Ecke Rue Saint-Lazare und Passage Tivoli gehen und mir das Festessen bestellen, das ihm zu Ehren am Abend des 13. April 1877 serviert wurde. Jenes Literatenessen wird von vielen als die Veranstaltung betrachtet, bei der die Nationalistenbewegung offiziell ins Leben gerufen wurde. Ehe ich es Zola gestatten würde, auch nur einen einzigen Bissen zu sich zu nehmen, würde ich ihn zwingen, ein Weilchen stillzusitzen und sich an die Zeiten zu erinnern, als er nichts sein eigen nennen konnte.

An jenem Aprilabend versammelten sich die literarischen Jünger Zolas, sechs Männer um die zwanzig, um die drei »Meister der modernen Literatur«, Flaubert, Zola und Goncourt, zu feiern. Jedenfalls zählte sich Goncourt selbst zu den Meistern, obwohl seine Werke inzwischen größtenteils in Vergessenheit geraten sind. Es war eine Versammlung von Männern, die sich ihrer eigenen Bedeutsamkeit überaus bewußt waren, deren Anliegen es war, einen wichtigen, neuen, realistischen Schreibstil zu entwickeln. Das Menü, das ihnen an diesem Abend vorgesetzt wurde, bestand aus Potage purée Bovary, Truite saumonée à la fille Elisa, Poularde truffée à la Saint Antoine, Artischocken au cœur simple, parfait naturaliste, Vin de Coupeau und Liqueurs de L' Assommoir. Es war ein Tribut an Flauberts *Madame Bovary*, *Die Versuchung des heiligen Johannes* und *Ein schlichtes Herz*, Zolas *Die Giftschenke* und De Goncourts *Die Dirne Elisa*. De Goncourt kommentierte das Mahl mit den Worten: »Ein neues literarisches Heer ist im Begriff, sich zu formieren.«

In meiner Zelle ist de Goncourt nicht erwünscht. Wegen seines Neides auf Zolas Erfolg, und auch aus anderen Gründen, ist er mir unsympathisch. Einst schrieb er: »Manchmal denke ich, daß jene, die fast verhungern und keinerlei Zukunftsaussichten haben, gar nicht so leiden, wie man es ihnen immer nachsagt, denn in ihren Werken findet man keine Spur von Verbitterung. Verbittert sind die Werke der reichen Männer wie Byron, Musset und Chateaubriand.« Ich kann Ihnen, mein lieber Herr Goncourt, nur versichern, daß im Herzen, im Geiste, in der Seele und im Magen eines Verhungernden eine ganze Menge Bitterkeit zusammen mit dem Hunger wuchert!

Zola sagte einmal, daß sich die »Reinheit eines Schriftstellers an der wilden Männlichkeit, die aus seinen Werken spricht«, erkennen läßt. »Er ist während des Schreibens voller Begierden, und diese Begierden finden ihr Ventil in seinen großen Meisterwerken.« Demnach müßten die körperlichen Entbehrungen, die ich erleide, meiner Arbeit zugute kommen. Ob mich der Hunger beflügeln und meinen Zielen näherbringen wird?

Irgend jemand hat Marcel Proust erzählt, daß man mit leerem Magen besser denken kann, was ihn dazu brachte, seinem Werk zuliebe zu hungern. »Seinen sterblichen Leib einem unsterblichen Werk zu opfern hat etwas Erhabenes«, schrieb André Maurois in seinem Buch *Auf den Spuren von Marcel Proust.* »Es ist wie eine Transfusion, bei der es der Spender freiwillig auf sich nimmt, sein eigenes Leben zu verkürzen, um seinen Charakteren sein Lebensblut zu schenken.« Proust hat sich anscheinend ausschließlich von Milch und von seinen Kindheitserinnerungen ernährt. Häufig beschrieb er bis ins kleinste, exquisite Detail Mahlzeiten, die er einst genossen hatte, lehnte es aber ab, wenn sich seine Haushälterin erbot, sie ihm zu besorgen. Er wollte die Enttäuschung, die entsteht, wenn man versucht, ein idealisiertes Erlebnis zu wiederholen, vermeiden. »Das einzige Paradies, aus dem man vertrieben werden kann, ist das innere«, erklärte er ihr.

Prousts enthaltsamer Speiseplan wurde von umständlichen und peniblen Ritualen begleitet. Sein Milchkaffee und seine Croissants wurden ihm jeden Morgen gewissenhaft ans Bett gebracht – bis er im Jahre 1914 aufhörte, Croissants zu essen –, und wenn er zu krank war, aufzustehen, versammelten sich seine Freunde im Schlafzimmer und nahmen mit ihm zusammen einen kleinen Imbiß zu sich, bestehend aus Brathühnchen mit Apfelgelee. Manchmal gab es auch ein formloses Mitternachtsmahl aus Bratkartoffeln oder, auf einer Leinenserviette, Seezunge mit dünnen Zitronenscheiben. Wenn Proust auswärts speiste, bestellte er Seezungenfilet in Weißweinsoße, Rindfleisch à la mode (obwohl auch diese Mahlzeit Bestandteil seiner geliebten Erinnerungen, eine Spezialität der Köchin seiner Eltern, gewesen ist) und zum Nachtisch ein cremiges Schokoladensoufflé. Er aß von allem immer nur wenig.

Ich bin mir der Tatsache bewußt, daß ich, wie Proust, der Elite angehöre. Ich bin ein beliebter Professor, Anwärter für eine Anstellung auf Lebenszeit, und zugleich ein etwas umstrittener Einzelkämpfer, der von seinen Studenten vergöttert und von einer schönen, starken Frau geliebt wird, die ihm exotische Speisen zubereitet und ihm Geschichten erzählt über Essen und Liebe, wenn sie nicht gerade seinen Geschichten über das Leben der Schriftsteller lauscht. Aber jetzt, da ich hungrig und einsam in meiner Zelle hocke, bin ich genauso mittellos und unbedeutend wie viele andere. Ich wünschte, ich hätte schon meinen Roman zu Ende geschrieben. Und Proust werde ich nicht zu meinem Festessen für hungernde Künstler einladen. Er deprimiert mich.

Aber Stephen Crane würde ich ja zu gerne kennenlernen. Er zog aus England in die Vereinigten Staaten und verlebte dort eine kurze, glorreiche Zeit als literarischer Star, ehe er im Alter von neunundzwanzig Jahren an Tuberkulose starb. Seine Großzügigkeit und seine unschuldige Freude am Erfolg verliehen ihm Reiz und Charme, wenngleich er unter den literarischen Parasiten als leichte Beute galt. »Die damalige Literatenszene Londons – von der ich nicht weiß, wie sie heutzutage aussieht – war von den miesesten Pennern, die je eine Stadt bevölkert haben, durchsetzt«, schreibt Ford Madox Ford in *Portraits from Life.* Nach einer kurzen, schwierigen Phase direkt nach seiner Ankunft in England – im Leben dieses Mannes ging alles so schnell vorüber – war er bereits dabei, je tausend Worte, die er zu Papier brachte, königliche zwanzig Pfund zu verdienen. Davon kaufte er körbeweise Leberpastete, Kaviar und Champagner und machte sich damit auf den Weg zu Ford. Sie saßen die ganze Nacht zusammen und feierten Cranes Erfolg. Später schrieb Ford:

»Er war der Sohn eines Bischofs der Episkopalkirche und hatte irgendwo in der Bowery oder in Wyoming oder in Pike's Peak das Licht der Welt erblickt. Folglich war er, im Gegensatz zu mir, nicht von Fliegenschwärmen umgeben ... Und dann holte er aus der Hüfttasche seiner Reithose, die er anstelle seiner Stadtkleidung angezogen hatte,

einen Colt hervor, mit dem er sich nun anschickte, Fliegen zur Strecke zu bringen … Er hatte über einen Zuckerwürfel, der auf dem Tisch lag, ein wenig Champagner gegossen, und die Fliegen waren in Scharen herbeigeeilt. Es gelang ihm tatsächlich, eine zu erwischen mit einer schnellen Drehung seines bemerkenswert kräftigen Handgelenks.«

Crane wäre gute Gesellschaft für mich. Wir würden zusammen Champagner trinken, Austern essen, auf Fliegen schießen und uns einen Teufel darum scheren, was andere von uns denken mögen. Crane verstand es zu leben.

Nun werde ich schlafengehen und von dem belebenden geschmorten Kalbfleisch träumen, das es mindestens dreimal die Woche im Café de Paris gibt und das schon Balzac und Dumas in den höchsten Tönen gelobt haben. Das Gericht half ihnen, ihre geistige und körperliche Kraft zu erneuern.

Was darf ich von meinem Hunger verlangen? Hat der Hunger den hungernden Künstlern dieser Welt in bezug auf ihre Arbeit das Gefühl von Dringlichkeit vermittelt, oder hat er sie gezwungen, ihre Kunst möglichst zu komprimieren, um davon leben zu können? Hat der Hunger ihre Sinne geschärft und ihr Verständnis für menschliche Begierden vertieft? »Die Wissenschaft ist imstande, ein Schweineschnitzel zu analysieren, um festzustellen, zu welchen Anteilen es aus Phosphor und zu welchen es aus Proteinen besteht«, schrieb G. K. Chesterton. »Aber die Wissenschaft ist außerstande, die Sehnsucht eines Menschen nach einem Schweineschnitzel zu analysieren, um festzustellen, zu welchen Anteilen sie aus Hunger, aus nervlich bedingter Phantasterei oder aus der Liebe zu den schönen Dingen im Leben besteht.«

Hemingway schildert in seinen Memoiren die Zeit, die er als junger Mann in Paris verbrachte, und wie er damals feststellte, daß Hunger die Wahrnehmung intensiviert und insofern einem Schriftsteller zuträglich ist, aber er scheint nur eine milde Form des Hungers kennengelernt zu haben. Selbst an schlechten Tagen kam er irgendwie über die Runden, indem er seinen Appetit mit Alkohol oder Bier im Zaum hielt oder in den Cafés schlichte Mahlzeiten wie Frühkartoffeln mit Olivenöl oder Schalotten mit Petersilie zu sich nahm.

Hemingway war hungrig genug, um schreiben zu können, aber nicht zu hungrig, um die Atmosphäre von Paris zu genießen oder schriftstellerische Aufträge abzulehnen, von denen er meinte, sie seien unter seinem Niveau. Daher vermute ich, daß er keinen richtig schlimmen Hunger gelitten hat, jedenfalls nicht nach Eßbarem. Im Paris der zwanziger Jahre lebte er, ähnlich wie der Journalist und Feinschmecker A. J. Liebling, mit gerade genügend Geld, um einen differenzierten Geschmack zu entwickeln, ohne dabei Essen als Selbstverständlichkeit zu betrachten. Liebling war selbst dann, wenn er auf seinen monatlichen Scheck wartete, in der Lage, den Geschmack von Schweinswürsten, Blutwurst, Steaks, Rinderbrühe mit Karotten und Brandade de morue – einem Püree aus gesalzenem Dorsch, Milch oder Sahne, Olivenöl und zermahlenem Knoblauch – zu genießen. Es machte ihm großen Spaß, sein begrenztes Einkommen so zu strecken, daß er die besten und vielfältigsten Speisen einkaufen konnte, die Paris zu bieten hatte.

Hunger könnte sehr schnell meine Konzentrationsfähigkeit beeinträchtigen. Mein Appetit hat jetzt schon eine scharfe, gefährliche Wendung erfahren. George Orwell beschreibt, wie ihn in Paris genau so ein armseliges Selbstmitleid überkam, wie ich es zur Zeit empfinde. Er lief damals über die Märkte und hatte nur Brot und Margarine im Magen, dafür aber keinen Sou in der Tasche. Wie viele Schriftsteller und Künstler mögen schon, unbemerkt und unbetrauert, dem Hunger zum Opfer gefallen sein? Viele Möchtegern-Schriftsteller sind einfach nur in das Künstlerleben verliebt. Es ist ihnen bestimmt, niemals etwas zu Papier zu bringen, das für irgend jemanden von Bedeutung sein könnte – noch nicht einmal für sie selbst. Orwell lernte einmal einen jungen Mann kennen, der mit seiner Mutter in einer Pension lebte. Tag für Tag, sechzehn Stunden täglich, stopfte sie Socken und verdiente dabei fünfundzwanzig Centimes pro Socke. Auf diese Weise unterstützte sie ihren Sohn, der in den Cafés auf dem Montparnasse herumlungerte und weder die Bedeutung von Hunger noch von dem täglichen Kampf, den die Kunst dem Ausübenden abverlangt, kannte. Langston Hughes hingegen besaß bei seiner Ankunft in Paris kaum einen Penny und faßte dennoch sehr schnell Fuß. Er arbeitete als Hilfskellner in einem Restaurant und lebte mit einer jungen russischen Tänzerin in einem billigen Hotel. Dort teilten sie sich ein Bett und labten sich an Brot, Käse und billigem Rotwein, übten ihre Kunst aus und harrten des Ruhms.

Ein Verwaltungsbeamter von Harvard erklärte mir einmal, während er seine Zigarre schmauchte und sich noch einen Brandy eingoß, daß die Schriftsteller, die Entbehrungen erleiden müssen, die besseren Künstler sind. Am selben Morgen hatte er den Antrag einer jungen Schriftstellerin auf ein Stipendium, das sie dringend brauchte, abgelehnt. Er war einer von jenen, die von Vorurteil besessen sind, daß wirtschaftlich erfolgreiche Schriftsteller automatisch schlecht sind, als ob es so etwas wie einen Zusammenhang zwischen wirtschaftlichen Erfolg und künstlerischer Begabung nicht geben könne. Warum sollen Schriftsteller ständig Opfer bringen, während es sich andere auf ihre Kosten gutgehen lassen? Die Verleger haben sich mit *Moby Dick* dumm und dusselig verdient. Herman Melville selbst mußte erleben, daß sein Buch kaum besprochen und ebenso selten verkauft wurde. Er schrieb bis zu seinem Tode, obwohl er die letzten zwanzig Jahre seines Lebens kein Buch mehr veröffentlichen konnte und gezwungen war, in New York als Zollbeamter zu arbeiten, um seine Familie zu ernähren. Ich habe in meinem Leben schon mehr Chancen verspielt, als ihm jemals geboten wurden. Vielleicht wirkt Wohlstand ebenso zersetzend auf die Phantasie eines Schriftstellers wie Hungersnot. Stendhal beschreibt in seinem Tagebuch die Trägheit der Menschen, die den höheren Gesellschaftsschichten angehören. Ich habe zu üppig gelebt, und, wer weiß, vielleicht ist es ein versteckter Segen, daß ich nun hier gelandet bin.

Wenn man solchen Hunger hat, daß man an nichts anderes mehr denken kann, ist man gezwungen, Kompromisse einzugehen. Um seinen Lebensunterhalt zu verdienen, verzauberte Oscar Wilde fremde Menschen mit seinem Charme. Diese Fähigkeit hatte er in besseren Zeiten geübt und perfektioniert, aber nun, da er verarmt und öffentlich gedemütigt war, haftete seinen Auftritten ein Pathos an, für den er in früheren Jahren nur Verachtung übrig gehabt hätte. Er nannte sich selbst Sebastian Melmoth, nach einem gothischen Roman, den sein Großonkel verfaßt hatte und der *Melmoth the Wanderer* hieß. Melmoth verkaufte seine

Seele an den Teufel, der ihm dafür ein langes Leben gewährte, das er dann damit verbrachte, jemanden zu suchen, der ihm hilft, das unselige Abkommen rückgängig zu machen. Einst hatte Oscar Wilde im Café Royal in Paris seine Höflinge und Kollegen und Liebhaber mit brillanter Unterhaltung und der Spezialität des Hauses, Entrecôte, verwöhnt, aber wie lange schien das jetzt her zu sein!

»Stellen Sie sich einmal einen armen Verbannten vor«, schreibt Mark Twain in seinem Roman *Ein Bummel durch Europa*. Er könnte damit Wilde oder mich gemeint haben, wie wir in unseren Gefängniszellen sitzen und schreiben:

> *»Und stellen Sie sich vor, daß plötzlich ein Engel aus einer besseren Welt als der unserigen erscheint und ihm ein riesiges Porterhousesteak vorsetzt. Es ist eineinhalb Zoll dick und kommt gerade heiß und zischend vom Rost; es ist mit aromatischem Pfeffer bestäubt und mit kleinen, schmelzenden Stücken tadellos frischer Butter angereichert, und der köstliche Bratensaft sickert aus dem Fleisch in die Soße, in der sich eine ganze Inselgruppe von Pilzen befindet. Ein, zwei zarte, gelbliche Fettstreifen bilden die Außenbezirke dieses üppigen Rindersteaklandes, und der lange, weiße Knochen, der das Lendenstück vom Filetstück trennt, ist auch noch an seinem Platz. Stellen Sie sich vor, der Engel bringt noch eine große Tasse hausgemachten amerikanischen Kaffee mit Schlagsahne obendrauf und echte, feste, frische gelbe Butter, ein paar ofenfrische Brötchen, einen Teller heißer Buchweizenkuchen mit durchsichtigem Sirup. Gibt es Worte, die die Dankbarkeit dieses Verbannten Ausdruck verleihen könnten?«*

Bei seiner Europareise fand Mark Twain die kontinentale Küche langweilig und wenig gehaltvoll, so daß er sich nach amerikanischem Essen sehnte. Er schrieb eine Wunschliste für seine Tafel, auf der ungefähr sechzig Gerichte standen, die man unmöglich alle auf einmal hätte verzehren können, unter anderem Bratäpfel mit Sahne, frittiertes Huhn nach Art der Südstaaten sowie verschiedene Brot- und Gebäcksorten.

Wenn ich mir schon für das Literatendiner in meiner Zelle die Gesellschaft und die Speisen selbst aussuchen kann, dann möchte ich gerne das Mahl mit einem

Mark Twain, um 1890.

jener robusten, herzhaften Gerichte, die Twain nennt, einleiten. Wie Samuel Johnson einmal zu James Boswell sagte: »Ein hungriger Mann hat nicht soviel Freude an einem einfachen Essen wie ein hungriger Mann an einem luxuriösen Essen.« Also werde ich mich verschwenderisch geben, und mindestens einer meiner Gäste, nämlich Oscar Wilde, wird diese Geste zu schätzen wissen.

Ich bin zwar William Somerset Maugham nach Asien gefolgt, aber für das, was mir hier widerfahren ist, kann ich ihm keine Schuld geben. Er schreibt über einen Opiumrausch, den er in Singapur erlebte, bei dem er aber nicht verhaftet wurde. Statt dessen wurden die Teehäuser in den eleganten asiatischen Hotels nach ihm benannt. Er würde mich bestimmt bedauern. »Es gehört zu den schwersten Dingen im Leben, einzusehen, daß man nicht im Mittelpunkt, sondern am Rande der Dinge steht«, schreibt er in *Aus meinem Notizbuch*. Ich stehe hier im Mittelpunkt meines eigenen kleinen Universums; es ist niemand anderes da.

Maugham beschrieb voller Abscheu die Zeiten, da er wenig Geld besaß, erzählte, wie unangenehm es war, sich ständig mit finanziellen Sorgen befassen zu müssen. »Hunger ist eine der Begierden, die an der Grenze zwischen Schmerz und Genuß liegen«, schreibt er. »Besser als jeder andere Zustand ist er geeignet, uns zu zeigen, daß das Ausmaß unserer Begierde das Empfinden von Schmerz und Genuß beeinflußt. Wenn wir nur mäßigen Hunger verspüren, so ist dies eine angenehme Empfindung, bei der wir den Gedanken an Essen genießen können. Wird der Hunger allzu groß, dann ist er nur noch schmerzhaft, man denkt nicht mehr daran, wie angenehm es doch wäre, jetzt etwas Schmackhaftes zu essen, sondern nur noch daran, wie man am schnellsten dieses unangenehme Gefühl loswerden kann.« Ich warte gerade ungeduldig auf meinen Teller Reis. Ich versuche, mir vorzustellen, wie Mildred, die junge Kellnerin aus *Des Menschen Hörigkeit*, mir meine nächste Mahlzeit bringt. Oder, noch besser, ich male mir aus, wie Pomme, meine sinnliche Schöne, mir ein wenig gereizt erklärt, daß ich erst dann anfangen werde, ein eigenes, zusammenhängendes Leben zu führen, wenn ich aufhöre, es mir durch all die Schriftsteller diktieren zu lassen.

Das Festmahl in meiner Zelle mit Maugham, Zola, Twain, Wilde und Crane wird eine Abschiedsfeier sein, bei der ich mich für alles bedanke, was sie mir beigebracht haben. Nachdem sie ihr Essen verspeist und zum letzten Mal ihre Geschichten zum besten gegeben haben, werden sie in meinem Leben in den Hintergrund treten. Die Seiten, die ich vollschreibe, werden nicht mehr die Leistungen anderer wiedergeben, sondern jene Worte, die ich schon so lange vorhabe, zu Papier zu bringen. Darauf werde ich diese Zeit der Einsamkeit und der Entbehrung verwenden. Wie Hillaire Belloc, der einmal sagte: »Nachdem ich nun einen Fasan verspeist, eine Flasche Burgunder getrunken und eine Zigarre geraucht habe, kann ich in Ruhe anfangen zu schreiben.« Morgen werde ich mit meinem Roman anfangen.

Das Abschiedsessen

Brandade de Morue
Knoblauchsuppe mit Schwarzbrot
Porterhouse Steak mit gerösteten Kartoffeln
Backäpfel mit Sahne

❁ Brandade de Morue

NACH: AUGUSTE ESCOFFIER, »DER KOCHKUNST-FÜHRER« (DIE AMERIKANISCHE AUSGABE VOM »GUIDE CULINAIRE«, 1903)

1 Pf. gesalzener Dorsch
1 ¼ Tassen und 1 Tl. extrafeines Olivenöl
1 große Knoblauchzehe, zerstampft
½ Tasse Milch
Salz und Pfeffer, Menge je nach Geschmack
Toast, dreieckig geschnitten

Weichen Sie am Vortag den Dorsch in kaltem Wasser ein und wechseln Sie das Wasser alle paar Stunden aus, um das überschüssige Salz abzugießen. Stellen Sie den Topf bedeckt und mit Wasser gefüllt über Nacht in den Kühlschrank.

Schütten Sie dann das Wasser ab und schneiden Sie den Fisch in Stücke. Legen Sie ihn in einen Kochtopf, den Sie mit Wasser füllen, so daß der Fisch bedeckt ist, bringen Sie das Wasser zum Kochen und lassen Sie den Fisch acht Minuten darin ziehen. Nehmen Sie ihn anschließend heraus und entfernen Sie die Haut und die Gräten.
Erhitzen Sie ¼ Tasse und einen Teelöffel Olivenöl bis zum Siedepunkt. Tun Sie den Fisch und den Knoblauch in den Topf, stellen Sie den Herd auf mittlere Hitze und rühren Sie, bis die Masse zu einer Paste zerkocht ist.
Nehmen Sie nun den Topf von der Kochstelle und gießen Sie abwechselnd, unter ständigem Rühren, 1 Tasse Öl und ½ Tasse kochendheiße Milch hinzu. Die Brandade wird, wenn sie fertig ist, die Konsistenz von Kartoffelbrei haben. Nun wird sie gewürzt und zusammen mit den dreieckigen Toastscheiben serviert.
Bei den verschiedenen Rezepten, die es für Brandade de Morue gibt, variieren die Mengenangaben für die Zutaten Milch und Öl. Einige Rezepte raten auch zu Sahne oder Crème Fraîche anstelle der Milch.

❆ Knoblauchsuppe

NACH: PENELOPE CASAS, »THE FOODS AND WINES OF SPAIN«, 1991

2 bis 4 Knoblauchzehen, geschält und zerstampft
4 Scheiben Baguettebrot
3 Tl. Olivenöl
4 Tassen Hühner- oder Rinderbrühe oder Wasser
1 Prise Safran
1 Tl. Paprika
4 Eier (bzw. 1 Ei pro Person)

Heizen Sie den Ofen auf 200 Grad vor.
Braten Sie den Knoblauch und das Brot in Olivenöl an, bis es goldbraun ist, holen Sie es wieder heraus und lassen Sie das Öl abkühlen.
Bringen Sie die Brühe oder das Wasser in einer für den Backofen geeigneten Kasserolle zum Kochen, fügen Sie eine Prise Safran hinzu.

Rühren Sie einen Teelöffel Paprika in das Öl ein und schütten Sie dieses mit in die Kasserolle, geben Sie, je nach Geschmack, den Knoblauch und das Salz dazu und lassen Sie das Ganze einige Minuten lang kochen.
Schlagen Sie 4 Eier in die Suppe und legen Sie das Brot obendrauf. Nun stellen Sie die Kasserolle in den Ofen, bis die Eier fest geworden sind.

❁ Geröstete Kartoffeln

NACH: »LAROUSSE GASTRONOMIQUE«, 1984

Schälen Sie Frühkartoffeln, spülen Sie sie ab und schneiden Sie sie in dicke Scheiben, die Sie dann trockentupfen und mit Salz und Pfeffer würzen. Braten Sie sie 20–30 Minuten in einer offenen Pfanne mit Butter und Öl an. Wenn sie kroß sind, legen Sie den Deckel auf die Pfanne und lassen Sie die Kartoffeln bei mittlerer Hitze köcheln, rühren Sie gelegentlich um.

❁ Bratäpfel

NACH: ELIZA ACTON, »MODERN COOKERY FOR PRIVATE FAMILIES«, 1887

8 große Äpfel, entkernt
8 Streifen Zitronenschale
60 g kandierte Orangenschale oder -marmelade
1 Tasse brauner Puderzucker
1 ¼ Tassen Muskateller oder lieblichen Weißwein
granulierter Zucker

Schlitzen Sie die Haut der Äpfel in etwa ⅔ Höhe rundherum auf, damit sie nicht platzt. Füllen Sie die Hohlräume mit der Zitronen- und Orangenschale oder, anstelle dieser, mit Orangenmarmelade (wobei dunkle, die viel Schale enthält, am besten geeignet ist). Streuen Sie eine Backform mit braunem Puderzucker aus, legen Sie die Äpfel hinein und begießen Sie sie mit Wein. Die Backzeit beträgt bei 180–200 Grad 35 bis 45 Minuten. Lassen Sie die Äpfel nun 5 Minuten lang auskühlen, bringen Sie sie, falls erforder-

lich, mit einem Löffel wieder in Form, bestreichen Sie sie mit dem Saft, der beim Backen ausgetreten ist, bestreuen Sie sie mit einer dicken Schicht granuliertem Zucker und backen Sie sie erneut, bis der Zucker schwarz geworden ist. Die Äpfel können, zusammen mit der Sahne, sofort verspeist oder später wieder aufgewärmt werden, sind aber auch in erkaltetem Zustand schmackhaft.

7

Kochkünste

POMMES REZEPT FÜR EINEN UNGEWÖHNLICHEN KOCHKURS

Kochrezepte können wahre Schätze sein, wenn man sich ihrer auch weniger deutlich erinnert als materieller Schätze, die man anfassen kann. Dabei kann das Gefühl, das sie hervorrufen, ebenso lebendig sein, jedenfalls für diejenigen, die Kochen als eine Kunst betrachten, als etwas, das unseren Schönheitssinn anspricht.
ALICE B. TOKLAS
»DAS ALICE B. TOKLAS KOCHBUCH«

Was bedeutet Kochen? Es bedeutet, Medea, Circe, Kalypso und Sheba zu kennen ... es bedeutet die Sparsamkeit Ihrer Urgroßmutter und die Wissenschaft moderner Chemie und es bedeutet französische Kunst und arabische Gastfreundschaft. Es bedeutet, letzten Endes, das Gebot, dafür zu sorgen, daß jeder etwas Gutes zu essen bekommt.
JOHN RUSKIN

Jeremy hatte einmal den ganzen Abend damit verbracht, Pomme zu erklären, warum die Musik allen anderen Künsten überlegen ist. Sie ist kostbar, weil sie vergänglich ist, sie verlangt mehr Übung, sie ist einfach wichtiger, behauptete er. Innerlich konnte Pomme ihm nicht zustimmen, aber sie hörte gebannt zu, weil sie Jeremy liebte. Später, nachdem er ihr das Herz gebrochen hatte, entwickelte sie allerdings ein tiefes Mißtrauen gegenüber Menschen, die anderen weismachen wollen, daß ihre eigenen Interessensgebiete die wichtigsten seien. Sie betrachtete jeden voller Skepsis, der gewisse Formen der schöpferischen Tätigkeit als weniger bedeutungsvoll, weniger anerkennenswert, überhaupt als *weniger* deklarierte. Für sie ist Kochen eine Kunst, und nun ist sie dabei, jene herauszufordern, die dies in Frage stellen. Sie betrachtet ihre eigenen Fähigkeiten nicht länger als Selbstverständlichkeit.

In Amerika leitet Pomme einen Kochkurs, und zwar einen strengen, der die Dilettanten von vornherein abschreckt, da er den Schülern ihr ganzes kreatives Potential abverlangt. »Habt ihr jemals wirklich begriffen, was ein Koch versucht zu vollbringen, wenn er eine Mahlzeit zubereitet?« fragt Pomme in der ersten Unterrichtsstunde. »Ist euch klar, wie viele hungrige Bäuche und gierige Münder es gibt, die die Kreativität und die Leidenschaft des Kochs noch nicht einmal zur Kenntnis nehmen? Habt ihr bisher der virtuosen Leistung eines Küchenchefs eure Anerkennung gezollt oder habt ihr ihn einfach mal so an euren Tisch kommen lassen, um eure Freunde mit eurer Weltläufigkeit zu beeindrucken?« Sie ist darüber empört, daß es soviel Gaumen gibt, denen es schlichtweg entgeht, daß die köstliche Mahlzeit, die sie gerade zu sich nehmen, die persönliche Interpretation einer Inspiration ist. Einer Inspiration, die vielleicht auf ein Rezept des Meisterkochs des neunzehnten Jahrhunderts, Carême, zurückzuführen ist, oder auf die moderneren, sachlichen Kochtechniken Julia Childs oder auf die Kunst eines anderen kulinarischen Wohltäters. »Sollte Kochen nicht als Kunst betrachtet werden?« fragt Pomme ihre Schüler. »Ist es nicht eine Form des kreativen Ausdrucks, die dem Schaffenden Perfektion abverlangt und für die er ein Publikum braucht? Ist Kochen nicht eine Tätigkeit, die uns unterhält und herausfordert, die imstande ist, uns zu schockieren oder zu amüsieren?«

Als Hausaufgabe läßt Pomme ihre Schüler *Madame Bovary* lesen. Sie erklärt ihnen, daß Emma Bovarys Hochzeitskuchen als *pièce montée* gilt, also zu den aufwendig konstruierten Desserts des achtzehnten und neunzehnten Jahrhunderts zählt, zu denen sich die Meisterköche von der Bildhauerei und der Architektur inspirieren ließen. Getreu Flauberts Beschreibung backen die Schüler Emmas Kuchen nach, einen von Statuetten umgebenen Tempel mit einem Türmchen aus Gâteau de Savoie, einem mit viel geschlagenem Eiweiß hergestellten und deshalb besonders schaumigen Biskuitteig und einem Burgwall aus kandierter Angelikawurzel, Mandeln, Rosinen und Orangenscheiben. Auch eine Wiese wird auf dem Kuchen nachgebildet, mit Seen aus geschmolzenem Zucker, auf dem Schiffchen aus Haselnußschalen schwimmen, und auf einer Schaukel aus Schokolade sitzt ein winziger Kupido.[1] Während die Schüler das Eiweiß steifschlagen und sich die Köpfe darüber zerbrechen, wo genau die Haselnußschiffchen plaziert werden sollten, erläutert Pomme, inwiefern man Kochkunst mit Kunstmalerei vergleichen kann. Sie liest Auszüge aus den Werken W. H. Audens und aus Christopher Isherwoods *Journey to a War* vor, in dem er die fortgeschrittene visuelle Ästhetik der chinesischen Küche schildert, die er bei seinen Reisen in den Fernen Osten kennenlernte:

»Betrachtet man einen Tisch, der in Vorbereitung eines chinesischen Mahls gedeckt wurde, denkt man zunächst einmal überhaupt nicht an Essen. Es sieht eher so aus, als würde hier gleich ein Wettbewerb in Aquarellmalerei stattfinden. Die Stäbchen sehen, wie sie so aufgereiht daliegen, wie Pinsel aus, und die kleinen Schälchen mit roter, grüner und brauner Soße sehen aus wie Farbtöpfe. Unter den Deckeln der Teeschalen könnte ebensogut das Wasser für die Aquarellfarben sein. Es liegt sogar ein winziger Farblappen auf dem Tisch, mit dem man die Stäbchen abwischen kann...
Leckere Hors-d'œuvres begleiten das ganze Mahl; sie werden in die Speisen gemischt, um immer wieder andere Geschmacksrichtungen zu schaffen, und dies erinnert auch an Malerei.«

Pomme beschreibt die Bankettsäle mittelalterlicher Burgen, wo eine Parade von Dienern riesenhafte Pasteten hereinbrachte. Als sie die Krusten aufschnitten, kamen ganze Vogelschwärme herausgeflattert, so daß die Mahlzeit zu einer kulinarischen Theaterveranstaltung wurde.

»Davon abgesehen, daß es offensichtliche Parallelen zu anderen Kunstformen gibt, ist Kochen auch eine Überredungskunst«, sagt sie. »Oder hat euch der Koch etwa nicht verführt, indem er mit gutem Essen eure Sinne erregt hat? Wenn sich eure Zunge an unpassenden Gewürzen stößt oder ihr nach dem Essen noch stundenlang quälenden Durst erleidet, ist das nicht vielleicht ein bewußter Affront seitens des Kochs? War die Geschmackszusammenstellung so ungewöhnlich, daß ihr an nichts anderes denken konntet als an dieses Essen? Oder gab es ein Menü im Proustschen Stil, das Erinnerungen an vergangene Freuden in euch wachrief? Madelaines versetzten Proust in die Vergangenheit, und der Duft von gerösteten Kastanien und von Bratäpfeln ließ Colette an die zärtlichen Augenblicke ihres Lebens zurückdenken. War ihr Geschmacksgedächtnis mit dem absoluten Gehör eines Musikers vergleichbar, wie James Beard meinte? Und wenn Essen für Schriftsteller eine symbolische Bedeutung hat, mag es dann den Köchen nicht genauso ergehen, daß sie eine Bedeutung in ihre Werke legen, daß sie, zusammen mit den Speisen, Ideen und Aussagen, auf den Tisch bringen?«

»Habt ihr euch schon jemals gefragt, wie es kommt, daß solche Süßigkeiten wie diese Mandelplätzchen euch dazu veranlassen, verflossenen Lieben nachzutrauern?« fragt Pomme, während ihre Schüler Limonensaft mit Mandelmilch verrühren, nach einem Rezept aus *Cyrano de Bergerac*. In der Bäckerei der Poeten erfährt Cyrano, daß Roxanne einen anderen liebt, und als Kontrapunkt zu seinem brechenden Herzen singen die Poeten und Konditoren fröhlich ein Rezept. Das Gericht hat Pomme schon oft zubereitet.

Ein Rezept für Mandeltörtchen

GESUNGEN VON DEM KONDITOR RAGUENEAU AUS »CYRANO DE BERGERAC« VON EDMOND ROSTAND, 1898

Schlag die Eier, Gelb und Weiß
schlag sie zart und flüsterleis.
Tröpfel in den crem'gen Schaum
Limonensaft, so kühl und grün,
dann ganz kühn
die Mandelmilch, weiß wie ein Traum.

Die Tortenförmchen hol und zeig
leg sie aus mit Blätterteig.
Hab sie fertig gleich zur Hand,
mit dem Finger rundherum,
doch nicht krumm,
knete einen hübschen Rand.

Da hinein, der Reihe nach
gieße immer nur gemach
Den Eierschaum gerade so.
Nach dem Backen, goldigbraun,
lecker anzuschaun –
Mandeltörtchen Rageneau!

Die Klasse liest Virginia Woolfs *Die Fahrt zum Leuchtturm* und bereitet Mrs. Ramseys Bœuf en daube zu. Der exquisite Duft von Oliven, Öl und Bratensaft, der die leidenschaftliche Stimmung des geschilderten Szenarios prägt, regt in der Klasse eine lebhafte Diskussion über den Zusammenhang zwischen Essen und Liebe an. Anschließend liest man Graham Greenes Erzählung *Chagrin in Three Parts*, in der er beschreibt, wie Bouillabaisse und Wein zwei Frauen verzaubern, so daß die eine die andere verführt. »Man tut gut daran, in Gegenwart der Meister wachsam zu sein«, sagt Pomme. Sie versucht, ihren Schülern deutlich zu machen, daß sie sich bislang nie voll und ganz auf das Erlebnis eingelassen haben, das ein Mahl bedeuten kann. Sie wirft die Vorurteile ihrer Schüler über den Haufen und überzeugt sie davon, daß Kochen eine Kunst ist. »Da Kunst und Leben eins sind und Leben Nahrung braucht, ist Nahrung sozusagen die Quelle aller Kunst«, erklärt sie.

Pomme läßt ihre Schüler selten nach traditionellen Rezepten kochen, eigentlich nur dann, wenn sie dazu dienen, ein Stück kulinarischer Geschichte oder Methodik zu verdeutlichen. Statt dessen ermutigt sie ihre Zauberlehrlinge, sich das Gebiet selbst zu erschließen, indem sie fleißig üben und aufmerksam beobachten. Ebensowenig, wie ein Schriftsteller, der nur nach Richtlinien schreibt, große Werke vollbringen wird, kann ein Koch, der lediglich nach Anweisung arbeitet, über sich selbst hinauswachsen. Pomme ist davon überzeugt, daß Kochen und Schreiben die Künste sind, die am meisten gemeinsam haben, und daß sie jedem, der die Meisterschaft anstrebt, größten Einsatz und eine ganz individuelle Arbeitsweise abverlangen. Zwar ist ein Rezept die Basis einer Mahlzeit, aber darüber hinaus spielen bei ihrer Vollendung so viele andere Faktoren eine Rolle – sei es die Ofentemperatur oder die Qualität der Zutaten oder die Kunstfertigkeit und Phantasie des Kochs –, daß kein Mahl dem anderen jemals gleichen wird. »Und deswegen werdet ihr Emily Dickinsons Lebkuchenrezept nachvollziehen müssen«, sagt Pomme und teilt Photokopien eines handschriftlichen Rezepts der Schriftstellerin an die Klasse aus. Das Original befindet sich in Harvard, als Teil der schriftlichen Hinterlassenschaft von Emilys Schwägerin, Susan Huntington Gilbert Dickinson. Die Glasur ist nach einem Rezept aus einem zeitgenössischen

Kochbuch mit dem Titel *Lyman's Philosophy of Housekeeping*, das von einer Kusine der Dickinsons verfaßt wurde und das vermutlich im Haushalt der Dickinsons seinen festen Platz hatte.

❁ Emily Dickinsons Lebkuchen

AUS: MARTHA DICKINSON BIANCHI, »EMILY DICKINSON FACE TO FACE«, 1932

1000 g Mehl
½ Tasse Butter
½ Tasse Sahne
½ El. Ingwer
Salz
Melasse

Schlagen Sie die Butter cremig und verrühren Sie sie mit Schlagsahne. Verrühren Sie die trockenen Zutaten separat und mischen Sie sie dann den anderen unter. Pressen Sie den harten Teig in eine Form; eine runde oder kleine, quadratische ist am besten geeignet. Sollten Sie eine ovale Gußeisenform besitzen, in der man ansonsten Hefeteigsemmel abbackt, so können Sie auch ohne weiteres diese verwenden. Die Backzeit beträgt bei einer Ofentemperatur von 180 Grad 20–25 Minuten.
Um die Glasur herzustellen, nehmen Sie ein Eigelb oder ein ganzes Ei, schlagen es und tragen es mit einer kleinen Bürste oder einem Federbüschel auf.

Hinter das Rezept hatte Susan geschrieben: »Aber so wie sie habe ich ihn nie hingekriegt.«

Während die Schüler Emilys kulinarisches Gedicht nachbacken, erzählt Pomme ihnen von MacGregor Jenkins, der als Kind in der Nähe der Dickinsons wohnte und in seinen Memoiren wertvolle Hinweise auf das Aussehen und den Geschmack des Lebkuchens liefert. Für Jenkins und seine Freunde plünderte Emily oft hinter dem Rücken ihrer Haushälterin die Speisekammer und ließ aus ihrem Fenster Körbe voller Lebkuchen an einem Seil herunter, den die Kinder begeistert in Empfang nahmen. »Solch einen Lebkuchen hatte ich noch nie gesehen«, schreibt Jenkins. »Er hatte eine längliche, ovale Form, und außenrum war er braun und knusprig, aber das Innere war hellbraun oder gelb und schmeckte herrlich süß und klebrig. Oben drauf war er hart und glänzend und häufig mit einem Stiefmütterchen oder einer anderen kleinen Blume geschmückt.«

Emilys Lebkuchen kann uns als Warnung vor Selbstüberschätzung dienen, indem es uns zeigt, wie ein und dasselbe Rezept so unterschiedliche Ergebnisse hervorzubringen vermag, von denen einige überraschend trocken und fade sein können. Nur Emily selbst wußte genau, wie sie ihr Rezept zu etwas Besonderem macht, und Essen war für sie etwas Besonderes: eine Art, den Menschen, die ihr nahestanden, ihre Liebe zu zeigen. Pommes Versuch, den Lebkuchen nachzubacken, wobei sie eine Tasse Melasse und vier Tassen Mehl verwendet, gelingt zwar einigermaßen, bleibt aber mäßig genug, um sie wieder einmal daran zu erinnern, in der Ausübung ihrer Kunst bescheiden zu bleiben und zugleich stets nach dem Höheren zu streben. Pomme will ihren Schülern vermitteln, daß es nur dann Sinn macht, sich künstlerisch ausdrücken zu wollen, sei es durch Kochen oder durch Schreiben, wenn man das Beste zu schaffen versucht, dessen man fähig ist, daß das Glück des Schaffens ebensosehr im Vorgang wie im Ergebnis liegt, für den Künstler selbst und für alle, die seine Kunst genießen. Die Freude eines Kochs über ein gelungenes, zartes, luftiges Soufflé ist eng verwandt mit der Befriedigung eines Schriftstellers, der eine Erzählung, ein Roman oder ein Gedicht so perfekt zu Papier gebracht hat, daß er selbst merkt, besser hätte es gar nicht werden können.

Es hat schon viele Künstler gegeben, die den Koch verstehen und die Parallelen seiner Kunst zu ihrer eigenen erkennen konnten. Pommes erster amerikanischer Liebhaber, der Schriftsteller und Englischprofessor war, bewunderte zum Beispiel Pommes ungebremsten Schaffensdrang und ihre Art, mit wachsamem Auge in ihrer Umgebung nach neuen Anregungen Ausschau zu halten. William Makepeace Thackeray verglich einmal die Werke Alexis Soyers, der Mitte des neunzehnten Jahrhunderts Küchenchef des Londoner Reform Clubs war, mit Dichtung und ließ ihm die Rolle des Chefkochs in einem seiner Romane zukommen. »Wie wundervoll es doch geschrieben ist!« schwärmte Thackeray in seiner Besprechung von Soyers Kochbuch, das *The Gastronomic Regenerator* hieß und im Jahre 1846 erschien. »Es gibt darin eine Beschreibung einer Languste aux truffes à la sampayo, die einen fast rasend werden läßt vor Hunger.« In seinem Vorwort erzählt Soyer, wie er in einer großen Bibliothek in den Werken Miltons, Lockes und Shakespeares schmökerte und dabei auf ein Kochbuch stieß, um dann mit falscher Bescheidenheit anzumerken, daß seinen eigenen schlichten Werken natürlich ein solcher Platz im Musentempel nicht zustünde, sondern »ein Plätzchen, das so gering ist wie der Verdienst selbst, nicht etwa neben Miltons erhabenem Werk *Paradise*, wo es völlig deplaziert wäre«. Pommes Schüler lesen mühelos die Botschaft heraus, die zwischen den Zeilen steht: daß Soyer sich wünschte, seine Bücher im Pantheon stehen zu sehen, und zwar möglichst direkt neben Milton. Eine Buchbesprechung aus der *Times* vom 19. Februar 1847 spottet: »M. Soyer geht es wie Byron – er hält sich für berühmt.« Bestimmt hat sich Soyer darüber amüsiert.

Pomme weiß, wie es Byron wiederum empört hätte, mit dem Küchenchef auf eine Stufe gestellt zu werden. Byron trumpfte einmal ungeheuer auf, als eine Ausgabe von Samuel Richardsons *Pamela* einem ahnungslosen Lebensmittelhändler zum Opfer fiel, der Seiten herausriß, um Mehl und Speck einzuwickeln für eine Zigeunerin, die unter Mordverdacht stand. In seinem Tagebuch aus dem Jahre 1821 bezeichnet Byron Richardson als »den eitelsten und vom Glück begünstigtsten lebenden Autor – er, der den angeblich zu erwartenden Untergang Fieldings (jenes Prosa schreibenden Homers) und Popes (dessen Gedichte in ihrer Schönheit unübertroffen sind) kichernd prophezeite – was hätte er wohl dazu gesagt, daß seine Zeilen vom Nachtkonsölchen des französischen Prinzen (siehe Boswells Johnson) auf die Theke eines Lebensmittelhändlers gewandert sind, um als Einwickelpapier für Speck zu dienen, der einer mörderischen Zigeunerin verkauft wird!!!«

Pomme bringt ihren Schülern bei, Annahmen und Traditionen nicht kritiklos zu übernehmen: die Tatsache, daß in westlichen Ländern nicht mehr der Ingwer, sondern Salz und Pfeffer als Standardgewürze auf jedem Tisch stehen, und es üblich ist, dreimal am Tag zu essen, daß süße und herzhafte Speisen nicht zusammenpassen, daß man das Dessert immer nach der Hauptmahlzeit verzehrt, daß unsere Vorstellungen von gutem Geschmack nicht nur Maßstab unserer kulinarischen Bildung, sondern auch unseres gesellschaftlichen Status sind. Sie weist die Klasse an, drei gebräuchliche Soßen aus dem Mittelalter zuzubereiten, eine gelbe, mit Safran und Ingwer, eine andere, die Nelken, Kardamom, grüne Kräuter und ebenfalls Ingwer enthält, und eine dritte, die den hübschen Namen »Cameline« trägt und wieder mit Ingwer sowie mit Zimt gemacht wird. Sie läßt die Schüler ganze Menüs in einem einzigen Topf kochen, so wie es die Menschen jahrhundertelang an ihren Feuerstellen tun mußten, bevor man den Herd erfand. Sie trägt einem Schüler auf, ein knuspriges Weißbrot aus Weizenmehl zu backen, während die anderen ein befremdlich schmeckendes Hülsenbrot aus gemahlenen Erbsen herstellen, mit dem sich die Armen in England über viele Generationen hinweg begnügen mußten, weil sie sich das teure Getreidemehl nicht leisten konnten. Auch die Geschichte des Kochens besteht, wie die ganze Menschheitsgeschichte, eigentlich aus zwei Geschichten, erklärt Pomme – die der Reichen und die der Armen. Während sich an den Höfen und in den wohlhabenden europäischen Haushalten eine etablierte Eßkultur herausbildete, durchlebte das übrige Europa Hungersnöte und eine Gesetzgebung, die das Betreten überlebenswichtigen Weidelands untersagte, horrende Getreide- und Salzsteuern erließ und Wilderern mit Deportation oder sogar mit der Todesstrafe zu Leibe rückte.

Pomme besucht mit ihrer Klasse ein Schlachthaus, wo ein Metzger mit seinen großen, vernarbten Händen einen Rinderkadaver zerlegt. Während er das Tier mit schnellen und präzisen Schnitten bearbeitet, erzählt Pomme den Schülern von jenen Zeiten, da man Fleisch als etwas Minderwertiges betrachtete, das bestenfalls der Dienerschaft als Nahrung dienen konnte, und vom Smithfield Schlachthaus in London, das zu Zeiten Königin Victorias scharenweise von den Reichen aufgesucht wurde, die frisches Blut tranken, um der Tuberkulose vorzubeugen. Im späteren Verlauf des Kurses lädt Pomme ihre Schüler zu sich nach Hause aufs Land ein, wo sie die Hühner aus Pommes eigenem Stall einfangen, ihnen die Hälse umdrehen, die Federn rupfen und die Daunen absengen, um sie später kochen zu können. Pomme ist der Überzeugung, daß jeder seriöse Koch mindestens einmal diese Erfahrung gemacht haben sollte, um die Kunst des Kochens vom Anfang bis zum Ende zu erfassen. Die zarter besaiteten Schüler sind recht schockiert, als Pomme erzählt, wie asiatische Geflügelhändler den Vögeln bei lebendigem Leibe die Zunge abbeißen, da diese als Delikatesse gilt, mit der viel Geld zu verdienen ist. Um der Klasse klarzumachen, welch eine ernste Sache das Kochen ist, erzählt sie ihnen auch noch die Geschichte des Chefkochs Vatel:

Am 26. April 1671 beschreibt Madame de Sévigné in einem Brief die Verzweiflungstat, die der Königliche Chefkoch Vatel beging, als er irrtümlich glaubte, sein Ruf sei im Begriff, ruiniert zu werden. Während eines Diners am Königshof ging an zwei Tischen der Braten aus, und Vatel war so niedergeschlagen, daß ihn der Prinz höchstpersönlich aufsuchte und sich erfolglos bemühte, ihn wieder aufzurichten. Am nächsten Tag überwachte Vatel um vier Uhr morgens die Zulieferung der Fische, die er von allen Häfen der Umgebung bestellt hatte. Nur eine Bestellung traf ein. »Vatel wartete einige Zeit«, schreibt Madame de Sévigné, »und geriet völlig außer sich, weil er glaubte, der restliche Fisch werde nicht mehr eintreffen.« Vatel fühlte sich nicht in der Lage, die Blamage eines zweiten unvollständigen Mahls zu ertragen. Er ging in sein Gemach, stemmte das Heft seines Schwertes gegen die Tür und schaffte es beim dritten Versuch, sich dieses durchs Herz zu rammen. Zur gleichen Zeit trafen nun die Fischlieferanten ein, man schickte nach Vatel, auf daß er sich um die Lieferung kümmern möge. Sie rannten hinauf zu seinem Gemach und brachen, nachdem er auf ihr Klopfen nicht reagiert hatte, die Türe auf. Dort lag er und wälzte sich im eigenen Blut.«

Pomme dreht einem Huhn den Hals um und ermahnt dabei ihre Schüler, daß sie bloß niemals derart in Panik geraten sollten, weil es sich selten, wenn überhaupt jemals, lohnt, wegen eines mißglückten Mahls sein Leben wegzuwerfen.

Und das führt sie weiter zum Thema des kulinarischen Kanons. Wie zu erwarten, ist den Schülern François Pierre de la Varenne ebenso ein Begriff wie Fanny Farmer und Auguste Escoffier, aber über deren Beiträge zur modernen Küche sind sie kaum informiert. Noch weniger vertraut sind ihnen Antonin Carême, Hannah Glasse, Maria Rundell, Isabella Beeton und Eliza Acton. Die Klasse bereitet nach den Rezepten dieser Köche und Köchinnen Gerichte zu und lernt dabei, wie sich im Wandel der Zeiten die Speisen und deren Zubereitung verändert haben und wie sich die heutigen Geschmacksrichtungen und Kochmethoden entwickelt haben. Literatur der jeweiligen Epoche bietet den passenden Hintergrund für jedes Mahl, das die Klasse zusammenstellt. Molière, La Fontaine und De Sévigné begleiten die Rezepte La Varennes; Jonathan Swift und Alexander Pope werden vorgelesen, während man nach Hannah Glasse kocht, Stendhal, Balzac und Dumas sind bei Carême zugegen und Flaubert, George Sand und die Trollopes und Goncourts bei Escoffier.

Zwanzig Jahre nach dem Selbstmord Vatels schrieb ein ebenfalls französischer königlicher Chefkoch *Le Cuisinier françois*, das erste Kochbuch, das dazu riet, sparsam zu würzen, zu Braten einfache Soßen zu servieren, die aus dem Bratensaft gemacht werden, beim Backen Butter statt Öl oder Fettränder vom Fleisch zu verwenden. Es enthielt Rezepte für Blätterteig, Petit fours, Bouquets garnis, cremige Suppen und Bouillon. Eine weitere Neuerung bestand darin, daß das Kochbuch alphabetisch angeordnet war. Die ersten Auflagen von *Le Cuisinier françois* erschienen in englischer und italienischer Sprache und kündigten das Ende jener Ära an, da Gewürze und überhaupt alles Verfügbare darauf verwandt wurde, den natürlichen Geschmack einer Speise zu überdecken, statt ihn hervorzuheben.

Pomme lobt zwar ausgiebig die Verdienste der Hofköche, aber zugleich ermahnt sie die Klasse, den Koch oder die Köchin am heimischen Herd nicht zu vergessen. Das Buch *The Art of Cookery Made Plain and Easy, Which Far Exceeds Anything of the Kind Yet Published* (»Die Kunst des Kochens, klar und einfach dargestellt, ein Buch, das jedes andere bei weitem übertrifft, das jemals zu diesem Thema veröffentlicht wurde«), verfaßt von »A Lady«, wendet sich nicht an Hofköche, sondern an jene, die zu Hause kochen. Es vermittelt einen repräsentativen Querschnitt der häuslichen Küche Englands, von Broten und Pasteten über Eingelegtes und Eingemachtes bis zu Alkoholika wie Wein und Likör, die zu Hause hergestellt werden. Die Verfasserin war dreiundzwanzig Jahre alt, als ihr Buch erschien; als Sechzehnjährige war sie mit ihrem Liebsten durchgebrannt. Innerhalb von fünf Jahren wurden zwanzig Auflagen gedruckt. Die Lady trägt Hunderte von Rezepten in einem leichten Plauderton vor, ihre Anweisungen sind leicht verständlich, und die meisten Speisen sind mühelos zuzubereiten, so zum Beispiel ihre Zitronencreme:

❁ Zitronencreme

Man nehme den Saft aus 5 großen Zitronen, ¼ Liter Wasser, ein Pfund Puderzucker, 7 Eiweiß und ein Eigelb, verrühre alles gründlich, siebe die Masse durch, gebe sie in einen Kochtopf und lasse sie bei niedriger Hitze unter ständigem Rühren sehr heiß werden, aber nicht kochen. Man entferne die Haut und gebe die Schale einer Zitrone in den Topf. Diese wird nach dem Kochen wieder entfernt. Sie müssen wirklich darauf achten, ständig zu rühren, während der Topf auf dem Herd steht.

Samuel Johnson und die Buchhändler Edward und Charles Dilly stellten das Geschlecht des Verfassers von *The Art of Cookery* in Frage. Es müsse ein Mann gewesen sein, der dieses Buch geschrieben habe, behaupteten sie. Solch ein hervorragendes Werk könne eine Frau doch gar nicht zustande bringen, verkündete Johnson, der sich selbst mit dem Gedanken trug, ein Kochbuch zusammenzustellen. Aus Anne Willans *Great Cooks and Their Recipes* erfahren wir, daß es erst im zwanzigsten Jahrhundert einem ortsansässigen Historiker gelungen ist, zu ermitteln, daß die Autorin Hannah Glasse war.

Als die Schriftstellerin Eliza Acton ihrem Verleger ihr Werk zeigte, meinte er, er würde mehr davon halten, wenn sie ein Kochbuch schreiben würde. Ich will ja nicht unfair sein, sagt Pomme vor der Klasse, aber ist das nicht so, als ob man dem jungen John Updike geraten hätte, keine Romane und Erzählungen mehr zu schreiben, sondern eine Einführung in das Arbeiten mit Holz für den Heimwerker? Acton machte sich in ihrem Kochbuch *Modern Cookery for Private Families*, das 1845 erschien, über den Geiz und die Habgier ihrer Verleger lustig. Ein Rezept mit Milch, Brot und etwas Zucker heißt »Pudding für den armen Schriftsteller«, während der »Verlegerpudding« großzügige Mengen Mandeln, Sahne, Butter, Mark und Brandy enthält und, wie sie sagt, »kaum reichhaltig genug sein kann«.(2)

»Wenn die Mühsal des Tages Geist und Körper erschöpft hat, dann ist schwere Kost nicht dazu angetan, die Kräfte zu neuem Leben zu erwecken, sondern, ganz im Gegenteil, dazu, die letzten Energien zu verbrauchen und auf den gesamten Organismus überaus schädlich einzuwirken.« So versuchte Acton, dem unerfahrenen Koch Kenntnisse über Ernährung zu vermitteln. Nach ihren eigenen Angaben sei dergleichen ausschließlich in ihrem Kochbuch zu finden, ebenso wie Maß- und Zeitangaben. Darüber hinaus gehörte sie zu den ersten Autoren, die dem Leser zeigten, daß Kochen etwas ist, das er erlernen und das ihm Freude machen kann.

Während sich Glasse und Acton mit der heimischen Küche befaßten, widmete Auguste Escoffier seine Kunst der illustren Gesellschaft. Er war Küchenchef Napoleons III., sowie, im späten neunzehnten Jahrhundert, Chefkoch des Savoy Hotels in London. Was das Kochen betraf, war Escoffier ehrlich, aber seine sonstigen Aktivitäten in der Küche führten beinahe dazu, daß er verhaftet wurde. Im Savoy Hotel stahl er Inventar, mit der Absicht, es weiterzuverkaufen und sich am Erlös zu bereichern. Er wurde erwischt und gab die Tat zu. Das Hotel zog es jedoch vor, auf eine Anzeige gegen seinen berühmten Chef de cuisine zu verzichten. Der 1902 veröffentlichte *Guide Culinaire* wurde zu einem unentbehrlichen Führer durch die klassische Küche, und er trug Escoffiers Markenzeichen der Schlichtheit: die begrenzte Anzahl der Gänge sowie der sparsame Umgang mit Aromen. Die Atmosphäre bei einem Essen sei ebenso entscheidend wie das Menü selbst, sagte Escoffier, und je vertrauter ein gemeinsames Essen sei, desto raffinierter und hochwertiger müsse es zubereitet und dargeboten werden.

Pomme lehrt die grundlegenden Methoden der Meisterköche der westlichen Welt und hebt die Einflüsse fremder Kulturen auf ihre Kunst immer wieder hervor: daß die Gewürze des Ostens, Ingwer, Zimt und Zucker, sozusagen die Eltern westlicher Küche sind, daß Importware wie Schokolade und Salz die europäischen Küchen einem entscheidenden Wandel unterzogen haben. Sie macht der Klasse deutlich, daß man erfinderisch sein kann, wenn man es einfach einmal wagt, vom Althergebrachten abzuweichen, wie man, beispielsweise, ein langweiliges französisches Rezept verbessern kann, wenn man ihm nur eine Prise thailändisches Zitronengras beimischt; sie prägt ihren Schülern ein, daß es nicht nur eine Art gibt, Dinge gut und richtig zu machen.

Und sie warnt sie vor den Demonteuren, die versuchen, Kochen und Essen des Genusses zu berauben. Roland Barthes analysierte die Ausdrucksweisen in den Rezeptkolumnen von *Elle* und *L'Express*; Claude Lévi-Strauß entzifferte ein Mahl aus *The Raw and the Cooked*, und Ernährungswissenschaftler zerlegen Kochrezepte in statistische Einzelteile, die sich mit Fettgehalten und Broteinheiten befassen. Für dergleichen hat Pomme nichts übrig.

Wie alle Künste ist die Kunst des Kochens dazu da, die Sinne zu erkunden, und Pommes Ziel ist es, sie zu wecken, den Schülern die Chance zu geben, Essen zum ersten Mal richtig zu sehen, zu schmecken und zu begreifen. Sie sollen lernen, am Geruch zu erkennen, wann ein Hefeteig aufgegangen und ein Brot fertiggebacken ist, so daß sie keine Küchenuhr mehr brauchen. Sie sollen lernen, sich auf ihren Geschmack zu verlassen, wenn sie eine komplizierte Gewürzmischung zusammenstellen, und zu spüren, wie das Eiweiß steif wird, wenn sie es mit ihren eigenen Händen – nicht mit einem elektrischen Mixer – schlagen, und sie sollen lernen, mit aufmerksamem Blick genau den Moment zu erkennen, in dem Karamelbonbons oder Soße die richtige Konsistenz erlangt haben. Pomme drängt die Schüler dazu, ihrer Experimentierfreude freien Lauf zu lassen, mutig zu sein, Risiken einzugehen – so, wie es auch die Schriftsteller machen, wenn sie dabei sind, sich einen eigenen Stil zu erarbeiten –, und ihre Intuition und ihr Wissen dafür einzusetzen, sich eine ganz persönliche kulinarische Ausdrucksweise anzueignen. Während des gesamten Kurses hält Pomme ihre Schüler dazu an, ihre Gedanken und Erlebnisse niederzuschreiben, um sie festzuhalten und zu verarbeiten. Pomme ist fest entschlossen, allen, mit denen sie in Berührung kommt, zu vermitteln, daß die scheinbar alltäglichen Rituale des Kochens und des Essens in Wirklichkeit etwas Erhabenes sind.

Pommes Schüler arbeiten hart, um ihren Ansprüchen zu genügen, und wenn sie sie kontinuierlich ausüben, so daß jeder Handgriff durch ständige Wiederholung automatisch geschieht, dann wird ihre Kunst im Laufe der Jahre zur Meisterschaft heranreifen. Gegen Ende des Kurses schenkt Pomme jedem Schüler eine

Ausgabe von *Le Répertoire de la Cuisine*, eine umfangreiche Sammlung von Standardrezepten, die in ihrer eigenen Küche ihren festen Platz hat und ihr oftmals als Grundlage eigener Interpretationen dient. Wenn die Schüler erst einmal gelernt haben, dieses Kochbuch richtig anzuwenden, werden sie kein anderes mehr brauchen. Die Abschlußprüfung besteht darin, ein Mahl zuzubereiten, das fünf Gerichte enthält, die der jeweilige Schüler als unverzichtbaren Bestandteil seines Repertoires betrachtet. Pommes Bewertungskriterien sind: Phantasie, Charakter, Mut, klare Vorstellungen, Darbietung, Geschmack und Kenntnisse über die Zutaten.

Bei der Abschlußfeier des Kurses erzählt Pomme, wie Jeremy, ein Musiker, den sie einst liebte, einem großen Irrtum unterlag, indem er glaubte, es gäbe Kunstformen, die wertvoller seien als andere. Dabei, sagt sie, ist auf jedem Gebiet genügend Raum, um sich schöpferisch zu entfalten. Eigentlich sagt Proust in seiner Schilderung eines Mittagsmahls in Combray alles, was es über die Kunst des Kochens zu sagen gibt:

> *»Und nachdem wir alle diese anderen Speisen aufgegessen hatten, wurde uns ein Werk vorgesetzt, das uns allen, aber ganz besonders meinem Vater, gewidmet war, der für solche Dinge eine Schwäche hatte – eine geniale Mousse au chocolat, leicht und vergänglich wie Musik, geschaffen von meiner Schwester Françoise, die ihr ganzes schöpferisches Potential darauf verwandt hatte. Jeder, der seine Portion verweigert, der gesagt hätte: ›Nein, danke, ich bin fertig, ich habe keinen Hunger mehr‹, hätte sich auf das Niveau jener Phillister herabgelassen, die das Geschenk eines Künstlers auf Gewicht und Material prüfen und dabei den wahren Wert, die Aussage und die Handschrift des Schöpfers, überhaupt nicht erkennen. Auch nur den winzigsten Rest auf dem Teller zu lassen hätte dasselbe bedeutet, wie vor den Augen des Komponisten den Konzertsaal zu verlassen, während sein Stück noch gespielt wird.«*(3)

(1)

❁ Savoykuchen

Es gibt zwei Sorten Savoykuchen. Der Gâteau de Savoie wird aus Briocheteig gebacken und mit Pralinen gefüllt. Der Biscuit de Savoie ist ein aus einem Biskuitteig, der je 2 ¼ Tassen Zucker 14 Eier enthält.

(2)

❁ Der Verlegerpudding

AUS: ELIZA ACTON, »MODERN COOKERY FOR PRIVATE FAMILIES«, 1887

Dieser Pudding kann kaum reichhaltig genug sein. Knapp 200 Gramm frische jordanische Mandeln und ein Dutzend Bittermandeln werden geschält und zu einer möglichst feinen Paste zerstampft. Gießen Sie dann nach und nach ⅛ Liter kochendheiße Sahne hinzu. Geben Sie nun die Masse in ein Tuch und wringen Sie die überschüssige Flüssigkeit aus. Erhitzen Sie ½ Liter Sahne bis zum Siedepunkt und gießen Sie sie über knapp 150 Gramm Semmelbröseln aus, die Sie anschließend mit einem Teller abdecken und auskühlen lassen. Wenn sie fast kalt sind, verrühren Sie sie mit knapp 150 Gramm zerstampften Makronen und jeweils gut 150 Gramm Talg und Knochenmark, das Sie vorher gründlich gesäubert haben, so daß ihm keine Fleischfasern oder Knochensplitter mehr anhaften, sowie 60 Gramm Mehl, 180 Gramm Zuckerraffinade, 120 Gramm getrockneter Kirschen, 120 Gramm erstklassiger, entkernter Muskatellerrosinen, 200 Gramm kandierter Zitronen oder Zitronen- und Orangenschalen, ein viertel Löffel Salz, eine halbe Muskatnuß, die Dotter von sieben großen Eiern, die zerriebene Rinde einer großen Zitrone, und, zu guter Letzt, ein Glas guten Cognacs, der nach und nach kräftig untergerührt wird. Gießen Sie die Mixtur in eine gebutterte Form, in der ein Liter Flüssigkeit Platz hat und bedecken Sie sie mit einem eingefetteten Stück Schreibpapier und, darüber, einem mehlbestäubten Tuch. Binden Sie beides gut fest und lassen Sie den Pudding vier und eine Viertelstunde durchkochen. Lassen Sie die Form zwei Minuten lang stehen, bevor Sie behutsam den Pudding herausnehmen. Servieren Sie ihn mit deutscher Puddingsoße (siehe unten).

❁ Deutsche Puddingsoße

AUS: ELIZA ACTON, »MODERN COOKING FOR PRIVATE FAMILIES«, 1887

Kochen Sie in ¼ Liter mit Sahne angereicherter Milch ein oder zwei dünne Streifen frischer Zitronenschale, ein wenig Zimt, einem guten Zentimeter Vanille und ca. 50 Gramm Zucker, bis die Flüssigkeit den Geschmack der Zutaten angenommen hat, sieben Sie sie durch. Schlagen Sie drei Eidotter und verrühren Sie sie mit einer Messerspitze Mehl, einer Prise Salz und einem Teelöffel kalter Milch. Gießen Sie die heiße Milch unter kräftigem Rühren langsam dazu. Erhitzen Sie nun die Soße, bis sie dick und cremig wird. Der Topf sollte dabei nicht auf dem Feuer stehen, sondern darüber gehalten werden. Rühren Sie ständig um. Die Deutschen schleudern ihre Soßen, damit sie schaumig werden, aber mit einem Quirl geraten sie fast ebenso gut. Allerdings ist eine kleine Schleuder – die wie eine Schokoladenschleuder geformt ist – leicht erschwinglich.

(3)

❁ Mousse au chocolat

NACH: FELIX URBAIN-DUBOIS, »THE HOUSEHOLD COOKERY BOOK«, 1871

Füllen Sie die Backform zu drei Vierteln mit Vanillesoße (siehe unten) und lassen Sie sie aufkochen.
Erhitzen Sie nun knapp 200 Gramm Schokolade in einer Pfanne. Zerkleinern Sie sie zunächst mit einem Löffel, rühren Sie dann Sahne hinzu und anschließend 150 Gramm aufgelöster Gelantine, stellen Sie die Pfanne auf Eis und rühren Sie die Mixtur einige Minuten um, bevor Sie sie in die Form gießen, die ebenfalls auf Eis liegt.
Stellen Sie, kurz bevor Sie das Gericht servieren wollen, die Form in lauwarmes Wasser und stülpen Sie die Mousse auf eine gekühlte Platte.

❆ Vanillesoße

NACH: FELIX URBAIN-DUBOIS, »THE HOUSEHOLD COOKERY BOOK«, 1871

Verrühren Sie 6 Eidotter in einer Pfanne, geben Sie 300 Gramm Puderzucker hinzu, verdünnen Sie das Gemisch mit ¾ Liter Milch und erhitzen Sie es unter ständigem Rühren, um zu verhindern, daß es anbrennt. Kurz bevor Sie die Pfanne vom Herd nehmen, geben Sie etwas Vanille dazu. Sobald Sahne genügend angedickt ist, sieben Sie sie in eine Schüssel.

Diese Soße können Sie warm oder kalt verzehren. Sie können sie noch mit etwas Zitronen- oder Orangenessenz oder mit Orangenblüten aromatisieren.

❆ Schokoladencreme

NACH: JEAN-BERNARD NAUDIN, ANNE BORREL, ALAIN SENDERENS, »DINING WITH PROUST« 1992

½ Liter Milch
120 g Zartbitterschokolade, zerkleinert
6 Eidotter
½ Tasse Zucker

Heizen Sie den Ofen auf 180 Grad vor. Verrühren Sie die Eidotter mit Zucker.
Bringen Sie die Milch zum Kochen, geben Sie die Schokolade hinein und lassen Sie sie unter ständigem Rühren bei kleiner Flamme zergehen.
Nehmen Sie den Topf vom Herd, gießen Sie die geschmolzene Schokolade über das gezuckerte Eigelb und rühren Sie kräftig um.
Sieben Sie die Creme in eine Form, die Sie in einem Wasserbad eine Stunde lang kochen lassen.
Gekühlt servieren.

8

Der Preis der Gier

AUS JEREMYS TAGEBUCH

Ich habe ewig nicht mehr an Pomme gedacht. Nachdem ich die Beziehung mit der bequemen Lüge, ich hätte eine andere Frau kennengelernt, beendet hatte, tauchte Pomme andauernd auf, wenn ich überhaupt nicht mit ihr rechnete. Ich sah sie ein paar Häuser weiter, wenn ich meine Wohnung verließ, um zu einer Probe zu gehen, oder sie begegnete mir in dem Lokal, in dem ich mich alle zwei Wochen mit meiner Lesegruppe treffe. Sie war immer allein und saß oder stand einfach da, bis sie sah, daß ich sie bemerkt hatte. Dann ging sie, ohne ein Wort zu sagen. Sie spukte um mich herum und verdarb mir den Appetit aufs Essen und aufs Lesen. (Wir lasen damals gerade Rabelais.)

Irgendwann hörte sie auf, ins Lokal zu kommen, aber einige Wochen später lud sie mich zu sich nach Hause zum Essen ein. Damit wir einander auf einer anderen Ebene wieder näherkommen, sagte sie mir. Sie hatte ein Menü nach Émile Zolas *Nana* geplant, einem Roman, den ich sehr mag. Darin lädt die Kurtisane Nana zu einem Bankett ein, um ihren Reichtum zu demonstrieren. Pommes Einladung zu solch einem kulinarisch wie literarisch anspruchsvollen Mahl war verlokkend, was sie natürlich wußte. Brebant, ein Pariser Restaurant, das gerne von Literaten frequentiert wird, lieferte die Zutaten: cremige Spargelsuppe à la Comtesse, klare Brühe à la Deslignac, Hasenpastete mit Trüffeln, Gnocchi mit Parmesankäse, Karpfen à la Chambourd, Wildrücken à l'Anglaise,

Hühnchen à la Maréchale, Seezunge mit Schallottensoße und Straßbourger Pâté, als Nachspeisen Cèpes à l'Italienne, gebratene Ananas à la Pompadour, und, zum Runterspülen, Meurseult, Chambertin, Léoville sowie Kaffee zum Dessert.[1]

Bevor ich aufbrach, um Pommes Einladung Folge zu leisten, warf ich einen Blick auf die Bankettszene in *Nana*, um ein paar Bonmots für unser Tischgespräch aufzuschnappen. Dabei wurde mir der katastrophale Ausgang des Mahls wieder gegenwärtig. Wie hatte ich ihn auch vergessen können? Die Gäste ersticken nahezu in der Hitze und dem Gedränge, der »Hunger ist nur Einbildung, eine überspannte Laune verwöhnter Mägen«. Eine alte Hure stopft sich mit Essen voll, und anschließend ist es ihr peinlich, sich überfressen zu haben. Die Eifersüchteleien und Verbrüderungen nehmen im Laufe des Abends, proportional zu den fortschreitenden Stadien der Trunkenheit, stetig zu.

Ich beschloß, auf das Essen bei Pomme zu verzichten. Offenbar hatte sie einen beunruhigenden Abend für mich geplant. Ich bereitete mir selbst ein kleines Abendessen zu, das bescheidene Mahl, das Byron bevorzugte, wenn er in Ravenna weilte: »Kartoffelbrei mit Butter und mit aromatischen Kräutern aus den Pinienwäldern am Strand, mit Béchamelsoße und mit einer dicken Schicht Käse überbacken.«[2] Danach war ich eine Zeitlang verreist. Als ich zurückkehrte, fand ich haufenweise vorwurfsvolle Zettel, die mir Pomme unter die Tür geschoben hatte. Was das für eine Verschwendung guten Essens gewesen sei, schrieb sie, wie ich so unhöflich sein könne, so abscheulich, usw. usw. Die Zettel wurden immer wütender. Ich habe sie nie beantwortet. Ich hatte zwar leichte Schuldgefühle, dafür aber den Erfolg, daß sie mich schließlich in Ruhe ließ. Bald zog sie dann auch nach Paris und von dort aus nach Amerika, so daß ich sie seit mehreren Jahren nicht mehr zu Gesicht bekommen habe.

Gestern morgen machte ich mir Toast. »Woran kann es liegen«, fragt John Ruskin, »daß Teegebäck ein subtiler Beigeschmack von Verrat innewohnt, der dem derben, ehrlichen Toast total fehlt?« Daß ich an dieses Zitat denke, gibt mir die Kraft, dem Stück Kuchen zu widerstehen, das vom Vortag übriggeblieben ist. Ich bin mal wieder in Byronischer Stimmung, das heißt, ich sehne mich nach schlichter Kost wie Tee mit Zwieback. Davon ernährte sich Byron oft tagelang, um jeglicher Versuchung zu entsagen, während er sich seiner Kunst widmete. Meine Selbstbeherrschung ist weniger eisern; ich wollte schon gerne etwas Marmelade zum Toast. Es stimmt zwar, daß ich in letzter Zeit ein wenig zugenommen habe, aber das bißchen Marmelade würde mir doch nicht gleich schaden. In der Speisekammer entdeckte ich, ganz hinten verstaut, fünf Gläser rote Johannisbeermarmelade. In Pommes Handschrift stand auf jedem Aufkleber entweder ein literarisches Zitat oder ein Vorschlag, wie man den Inhalt genießen könnte. »Mach es so wie die Franzosen«, stand auf dem ersten Aufkleber, »iß einen Klecks Marmelade zum Nachtisch, ohne alles oder mit etwas Frischkäse. Oder streich sie Dir mit frischer Butter aufs Brot oder auf den Toast, trink Deinen Frühstückstee dazu, träum vor Dich hin, denk übers Leben nach und an Deine Musik und an mich. Alles Liebe.« Pomme hat immer meine Vorliebe für süße, reichhaltige Speisen unterstützt. Oft buk sie mir einen Gâteau au fromage de Brie nach einem Rezept Alexandre Dumas', dessen Kochbuch neben meinem Bett liegt, so daß ich gelegentlich abends darin schmökern kann.(3) Pomme begleitet ihre Instruktionen mit einem Zitat aus dem Werk Samuel Johnsons: »Es ist besser, an gutem Wein und guter Gesellschaft zugrunde zu gehen, als an einer schleichenden Erkrankung und Medikamenten.« So rechtfertigte auch Thackeray seine Genußsucht.

Die Gläser müssen schon seit mindestens zwei Jahren in der Kammer gestanden haben. Dennoch waren sie noch tadellos versiegelt. Die Marmelade schmeckt köstlich. Ich habe Pommes Rat, sie »ohne alles« zu genießen, beherzigt, und nun sitze ich am Fenster, betrachte meine Pariser Nachbarschaft und schreibe Tagebuch. Es ist ein seltsames Gefühl, Pomme wieder so gegenwärtig zu haben. Innerhalb von drei Tagen habe ich zwei ganze Gläser Marmelade leergegessen. Nun ja, es sind auch ziemlich kleine Gläser. Eins schaffe ich mühelos, während ich meinen allmorgendlichen Eintrag mache.

Balzac sagte einmal, daß man eine Frau, wie einen gut gedeckten Tisch, mit anderen Augen betrachtet, wenn man erstmal wieder satt ist. Dabei muß ich daran denken, wie schnell ich immer von Pomme übersättigt war. Ich konnte sie weder lange noch oft ertragen. Wenn sie mich mit ihrer Mischung aus Schmeichelei und

Hartnäckigkeit bearbeitete, fühlte ich mich vollgestopft, übersättigt, genudelt und ganz und gar unwohl. Sie pflegte, nachdem wir uns geliebt hatten, ganze Passagen aus Colettes Romanen zu zitieren. Aus Rache las ich ihr Auszüge aus Byrons Briefen vor. Sie hörte mir aufmerksam, aber mit gereizter Miene zu. »Mein Gott, ich wünschte, ich hätte nicht eben gegessen!« schrieb er. »Die Schwere, die Trägheit, die scheußlichen Träume, all das bringt mich nahezu um – dabei war es nur ein halber Liter Bucella und ein wenig Fisch. Fleisch rühre ich niemals an, und Gemüse nur in Maßen. Ich wünschte, ich wäre auf dem Lande, wo ich mir Bewegung verschaffen könnte, anstatt mangels dieser abstinent bleiben zu müssen. Es würde mir nichts ausmachen, etwas mehr Fleisch auf die Knochen zu bekommen – sie könnten es mühelos tragen –, aber das Schlimme ist ja, daß der Teufel immer gleich in mich hineinschlüpft, wenn ich ihn nicht aushungere. Und ich bin nicht bereit, zum Sklaven irgendeines Appetits zu werden.« Die letzte Zeile las ich immer mit einem boshaften Unterton und mit Betonung auf das Wort »irgendeines« vor. Schließlich verabscheute Pomme alles, was mit Byron zu tun hatte, mich mit eingeschlossen.

Nach diesen kleinen Dichterlesungen, die eigentlich literarische Schlachten waren, bei denen meine Helden ihre Feindin Colette bekämpften, ließ mich Pomme meistens allein. Nachdem sie die Tür hinter sich zugeknallt hatte, wurde mir immer wieder klar, was Rilke gemeint hatte, als er sagte, ein künstlerisches Erlebnis sei dem Schmerz und der Ekstase eines sexuellen so unglaublich verwandt. Nachdem ich mich von Pomme getrennt hatte, versuchte ich, jene fieberhafte Aufregung nur noch durch meine Musik auszuleben, wo ich die unausgesprochene Anklage, sie wieder einmal abgewiesen zu haben, nicht mehr in Pommes Blick sehen mußte.

Mein Magen macht mir wieder Ärger. Ich dachte, ein einfaches Frühstück würde ihn beschwichtigen und mich wieder zu Kräften kommen lassen. Auf dem Aufkleber des Marmeladenglases stand geschrieben: »Der körperliche Genuß, den Dir eine bestimmte Frau in einem bestimmten Augenblick geschenkt hat, das wundervolle Essen, das Du an einem bestimmten Tag zu Dir genommen hast – keines von beiden wirst Du jemals wiederbekommen. Nichts ist wiederholbar, und alles ist unvergleichbar.« Zuerst irritierte mich das Zitat, weil Pomme die Quelle nicht angegeben hat, aber sehr bald habe ich diesen unverwechselbaren Stil dann doch erkannt. Ein kurzer Blick in das Tagebuch der Goncourts bestätigte die Richtigkeit meiner Ahnung und ließ mich wieder einmal daran denken, daß nichts, das wir erleben, den Idealvorstellungen zu entsprechen vermag, die wir uns vom Leben gemacht haben. Sie werden allzu selten Wirklichkeit. Genau den Satz, den Pomme mir aufgeschrieben hat, hatte ich selbst im Tagebuch der Goncourts gelesen, wenige Tage, bevor ich mich von ihr trennte, und es war ausgerechnet dieser Satz, der mich in meinem Vorhaben bestärkte. Damals erschien es mir so, als sei er eigens für mich niedergeschrieben worden. Nun wußte ich, daß ich sie verlassen mußte. Pomme hatte sich bemüht, unserer Affäre Dauer und Beständigkeit zu verleihen, die frühen, aufregenden Phasen festzuhalten, nicht enden zu lassen. Bei mir hatte schon längst die Langeweile eingesetzt, so, wie ich es erwartet hatte. Aber als ich Pomme losließ, fing ich gleichzeitig an, auch mich selbst loszulassen. Meine Jagd nach neuen, aufregenden Erlebnissen ist erbarmungslos geworden. Risiken bin ich schon immer gerne eingegangen, aber in der letzten Zeit habe ich mehrmals so die Kontrolle verloren, daß ich dem Zusammenbruch nahe war. Da ziehe ich zum Beispiel abends los, um mich etwas zu amüsieren, und wache dann am nächsten Morgen in irgendeinem Hotelzimmer zwischen den Resten eines Festessens auf, und neben mir liegt eine wildfremde Geliebte, die mich meiner sämtlichen schöpferischen Kräfte beraubt hat. Die Goncourts beschreiben äußerst treffend meinen Lebenswandel. Im November 1852 schrieben sie:

»Dieses Jahr speisen wir sehr oft auswärts. Es sind verrückte Diners mit Glühwein aus Léoville und Pfirsichen à la Condé(4)*, die 72 Francs pro Gedeck kosten, und unsere Gesellschaft besteht aus Schlampen, die wir in Mabille aufgegabelt haben, und verbrauchten Nutten, die im Essen herumstochern, während ihnen die Wurstpelle von heute morgen noch zwischen den Zähnen hängt. Eine von ihnen sagte einmal voll naiven Erstaunens: ›Mensch, es ist ja schon vier Uhr ... Mutti schrappt gerade die Möhren!‹ Wir machen sie alle betrunken und häuten das Tier, das in dem seidenen Kleid lebt.«*

Auch ich suche immer das Tier im seidenen Kleid, und ich kann nicht leugnen, daß ich das Tier in mir selbst wahrnehme. Durch meine Ausschweifungen hat das Niveau meiner Arbeit seinen Tiefpunkt erreicht.

Wenn ich ein sauberes, einfaches Leben führe, das nach allgemeiner Vorstellung tugendhaft verläuft, dann sind mein Geist und meine Seele rein und klar. Wenn ich dabei bin, etwas Neues zu komponieren und plötzlich die vertrauten Zwänge verspüre, dann braue ich mir ein Getränk, das Charles Baudelaire als Ersatz für Genußmittel zu trinken pflegte, wenn er seine inneren Krisen durchlebte und sich dennoch auf seine Arbeit konzentrieren wollte. Es steht unter der Überschrift »Hygiene, Benehmen, Moral« in seinem Tagebuch. Es schmeckt widerlich, ist aber ein hervorragender Appetitzügler. Ich trinke es immer in großen Schlucken und halte dabei die Luft an.

»Fisch, kalte Bäder, Duschen, Moos, gelegentlich Pastillen, und das Vermeiden jeglicher Genußmittel. Islandmoos ... 125 Gramm. Weißer Zucker ... 250 Gramm. Weichen Sie das Moos 12 bis 15 Stunden in viel kaltem Wasser ein, gießen Sie dann das Wasser ab. Kochen Sie das aufgeweichte Moos in zwei Litern Wasser auf niedriger, stetiger Flamme, bis ein Liter verkocht ist, schöpfen Sie einmal den Schaum ab, tun Sie die 250 Gramm Zucker zu dem Moos und lassen Sie ihn zu Sirup kochen. Lassen Sie das Moos abkühlen. Nehmen Sie dreimal täglich, morgens, mittags und abends, drei ganz große Löffel zu sich. Zögern Sie nicht, die Dosis zu erhöhen, falls die Beschwerden anhalten sollten.«

Selbstverständlich esse ich lieber Süßigkeiten wie diese rote Johannisbeermarmelade, aber zugunsten meiner Kunst muß ich eben der irdischen Genüsse entsagen. Heute brauche ich dringend ein Glas des Baudelaireschen Elixiers. Ich habe immer noch Magenkrämpfe, und ich fühle mich geschwächt.

Manchmal frage ich mich, ob ich wohl die Entbehrungen, die ich als Kind erlitten habe, heute als Erwachsener versuche wettzumachen. Wollte Charles Dickens, der als Zwölfjähriger schon in einer Fabrik arbeiten und oft hungern mußte, jene schwere Zeit kompensieren, indem er seine Romane mit Essen füllte? Einer seiner Kritiker stellte fest, daß sein Roman *Die Pickwickier* fünfundachtzig Beschreibungen von Mahlzeiten enthält. Aber im wahren Leben war Dickens eher abstinent als gefräßig.

Schriftsteller, die ausschweifend gelebt und trotzdem bedeutende oder zumindest bemerkenswerte Werke zustande gebracht haben, mußten häufig einen hohen Preis dafür bezahlen, daß sie derart über die Stränge schlugen. Ich denke da zum Beispiel an James Boswell, der am Abend des 12. Januar im Jahre 1763 Louisa, eine Frau, die er schon seit Monaten versuchte zu verführen, unter falschem Namen mit in ein Hotel nahm.

»Schließlich erschien meine reizvolle Gefährtin, und ich führte sie sofort zu der Droschke, die bereitstand, zog die Rouleaus hoch, und schon waren wir unterwegs zu unserem Liebesnest. Wir versuchten, den Eindruck zu erwecken, als wären wir auf Reisen, und hatten entsprechend unsere Bündel Nachtwäsche, Taschentücher und andere Kleinigkeiten bei uns. Außerdem hatten wir Mandelkekse, die in London als Makronen bezeichnet werden, dabei, die man für unseren Reiseproviant halten sollte.(5) *Als wir im Hayward ankamen, wurden wir, wie ein anständiges Ehepaar, in den Salon geführt. Ich hielt es für angebracht, meinen richtigen Namen (den die Wirtsleute sowieso noch nie gehört hatten) zu verschweigen; ich nannte mich Mr. Digges. Damit Ceres und Bacchus Venus Beistand leisten konnten, bestellte ich zum Abend einen leichten Imbiß und etwas Wein.«*

Kaum eine Woche verging, ehe der arme Bozzy anfing, einen Tripper auszubrüten. In der Hoffnung, seinen Verdacht bestätigt oder widerlegt zu sehen – er spürte bereits das charakteristische Jucken und Brennen, war sich aber noch nicht ganz sicher, ob er es richtig deutete –, verbrachte er bewußt einen sehr aktiven Tag. Er spazierte mit Freunden durch London und »nahm ausgiebig am Essen und Trinken teil«. Vielleicht hatte er die Taschen voll Lebkuchen und Äpfel, so, wie es damals üblich war.

Sie kehrten in ein Wirtshaus ein und »tranken warmen Weißwein mit aromatischen Gewürzen, Pfeffer und Zimt«.

Boswell mußte seiner Genesung viel Zeit und Geld widmen. Louisa strich er aus seinem Leben, abrupt, sauber und gerecht.

Ausgiebiger Genuß wird häufig bestraft. Wenn ich daran denke, überkommt mich das Bedürfnis, mich mit meinen Freunden zu treffen, einer Clique, die nie meine Tischmanieren bemängelt oder meinen Entschluß, mir einen zweiten Nachschlag des Desserts zu ergattern, in Frage stellt. Manchmal ist das ja auch ratsamer, als sich die Frau zu ergattern, mit der man gerade speist. (Es konnte nur eine Frau fertigbringen, ein Kochbuch zu schreiben, das die Eßgewohnheiten einer ganzen Nation verurteilt: Fanny Trollope tut es in ihrem Buch *Domestic Manners of the Americans*.) Auch ein Byronsches Mahl würde ich in der Gesellschaft meiner Freunde zu mir nehmen. Thomas Moore schrieb über ein Essen mit Byron und dem Bankier und Kunstmäzen Samuel Rogers: »Lord Byron, der, wie so oft, seit zwei Tagen nichts mehr gegessen hatte, konnte seinen Hunger nicht mehr länger im Zaum halten und rief nach ›etwas Eßbarem‹. Unser Menü, das er ausgewählt hatte, bestand aus schlichtem Brot und Käse. Dennoch habe ich selten zuvor an solch einem freudigen Mahl teilgenommen.« Die drei Männer verbrachten den Abend damit, die Gedichte eines zeitgenössischen, minderwertigen Poeten vorzulesen und sich darüber zu mokieren. Es muß ein Gaudi gewesen sein, und ich wäre zu gerne mit dabei gewesen.

Zugegebenermaßen hatte Byron seltsame Angewohnheiten. Als er das erste Mal bei Rogers speiste, weigerte er sich, etwas anderes als Kartoffelbrei mit Essig anzurühren, ging aber später in seinen Klub und bestellte sich Beefsteak. »Byron besaß beim Dichten eine geniale Mühelosigkeit«, schreibt Rogers. »Er hatte eine Vorliebe für Abendessen, so daß er häufig bei mir zu Hause herzhaft zu Abend aß (die Zwieback- und Sodawasserdiät hatte er aufgegeben). Dann ging er nach Hause und schüttelte sechzig bis achzig Gedichte aus dem Ärmel, die er am nächsten Morgen in Druck gab.« Byrons Biograph wirft leicht gehässig die Frage auf, ob sich Byron vielleicht auf Grund des guten Essens mit Rogers abgegeben hat. Andere vermuten, daß Rogers, der Ältere der beiden, von den Reizen des Jüngeren, dessen Vornehmheit, Schönheit und sanfte Stimme sprichwörtlich waren, bezaubert war. Später wendete sich Byron gegen Rogers auf grausame Weise, indem er ein satirisches Gedicht über einen Bankier verfaßte, dessen hervorstechendste Eigenschaft der Neid und dessen einzige Leistung ein vereinzeltes

Gedicht sei. Rogers Dichtkunst sprach nur ein kleines Publikum an, und die Kritiker rümpften ihre Nasen über seine *Ode an eine Stechmücke.*

Byron, der Sensible, zog es vor, beim Essen die Gesellschaft von Frauen zu meiden. Er hat – davon bin ich überzeugt – deren Potential erkannt, ein zartes künstlerisches Gemüt zu zerstören. Eine seiner Geliebten, Caroline Lamb, schrieb in ihr Tagebuch, daß er »verrückt und böse« sei, daß es »gefährlich ist, ihn zu kennen«. Sie blamierte ihn in der Öffentlichkeit und ging sogar so weit, ihm Locken ihres Schamhaares zustellen zu lassen. (Gott sei Dank habe ich Pomme nicht von Miss Lamb erzählt.) Kein Wunder, daß Byron von Zeit zu Zeit den Frauen aus dem Weg gegangen ist, um seine Kräfte für produktivere Dinge aufzusparen, statt sie an übermäßig anhängliche, eifersüchtige Frauenzimmer zu verschwenden, die die geringste Zurückhaltung seinerseits sofort als Herausforderung zu amouröser Aufrüstung betrachtet hätten. Es dürfte kaum etwas gegeben haben, das mehr Spaß machte, als mit Byron zusammen in seinem Klub Hummern zu essen: zwei bis drei pro Person, mit, wechselweise, starkem, hellem Brandy und sehr heißem Wasser, um die Verdauung in Gang zu halten. Anschließend hätten wir Rotwein getrunken; zu zweit hätten wir gut und gerne zwei Flaschen leergemacht. Oder wir hätten uns für einen Regencypunsch entschieden »aus Madeira, Brandy und grünem Tee, ohne Wasser«, und dabei hätten wir ununterbrochen geredet, die Stunden wären unbemerkt ins Land gezogen, und wir hätten uns erst um vier Uhr morgens getrennt.(6) Es gibt keine Schriftstellerin, mit der ich Lust hätte, einen solchen Abend zu verbringen. Am allerwenigsten mit Colette. Wenn ich nur an sie denke, wird mir übel.

Ich glaube, ich werde heute abend mit meinen Magenkrämpfen zu Hause bleiben. Ich fühle mich ausgelaugt, und ich habe starke Schweißausbrüche. Ich sollte es mir wohl wirklich angewöhnen, etwas Sport zu treiben.

Auf dem vierten Marmeladenglas steht geschrieben: »Wenn dir das nicht schmeckt, was du gerade auf dem Teller hast, geh' ruhig zum nächsten Gang über, aber denk' dran, daß jeder Dichter, Maler oder Musiker, der auch nur einen Pfifferling wert ist, guten Appetit und guten Geschmack hat.« Zuerst hielt ich das für ein

Kompliment, aber dann merkte ich, daß mich Pomme schon wieder beleidigen wollte. Thackeray hat mit diesen Zeilen Byron gemeint, und er fährt folgendermaßen fort: »Ach, was wäre Byron für ein Dichter geworden, wenn er ordentlich gegessen hätte, wenn er es sich gestattet oder seine Veranlagung es ihm ermöglicht hätte, dick und rund zu werden; wenn er doch bloß nicht mit seinen elenden Opiumpillen und seinem ewigen Essig seinen Intellekt kränklich, seine Seele sauer gemacht und seine Prinzipien eingeschläfert hätte! Hätte dieser Mann auf seine Ernährung achtgegeben, hätte er niemals *Don Juan* geschrieben.« Dabei ist Byron zu jenem unsterblichen Poeten geworden, den ich so verehre, gerade weil er auf seine Ernährung achtgegeben hat. Er wußte genau, wie die komplizierten Auswirkungen des Essens seinen empfindlichen Organismus beeinflußten und wie er seinen Geist und seinen Körper am besten in jenem Zustand erhielt, der für seine schöpferische Tätigkeit erforderlich war. Ich hoffe, daß es auch mir gelingen wird, jenes Gleichgewicht zwischen Appetit und Zurückhaltung zu finden, das meiner Kreativität zugute kommt. Das hat Thackeray nämlich nie gelernt. John Ruskin sagt über ihn, daß er sich »wie eine Schmeißfliege auf alles Eßbare stürzte, so daß einem ganz übel dabei wurde«. Nun, wie soll man auch einen Menschen ernst nehmen können, der gegrillten Käse auf Toast jeder anderen Speise vorzieht?

Da ich mich ja mäßigen will, widerstehe ich der Versuchung, das fünfte Glas Marmelade aufzuessen, bis ich meine neueste Komposition vollendet habe. Obwohl ich es am liebsten runterschlingen würde, damit es endlich weg ist. Die Marmelade läßt mich andauernd an Pomme denken, und dabei wird mir unbehaglich zumute. Ich hatte völlig vergessen, was für unangenehme Nebenwirkungen diese dunkle Schöne unter ihrem ansprechenden Äußeren verbirgt.

Pomme warf mir häufig vor, ich sei herzlos, ich lebte in der Vergangenheit und ich ziehe den Genuß eines Glases Claret und eines saftigen Steaks ihrer Gesellschaft vor – was sie allerdings nicht daran gehindert hat, weiterhin meine Nähe zu suchen. Wenn ich in konzentriert schöpferischer Stimmung bin, vermag mich nichts anderes zu interessieren. Pomme wurde mir in solchen Zeiten derart lästig, daß ich sie am liebsten beleidigt und weggejagt hätte. Ich hätte ihr gerne gesagt, daß Byron vollkommen recht damit hatte, daß die venezianischen Frauen besser küssen als alle anderen, Pomme eingeschlossen. Balzac hat sich schon etwas dabei gedacht, als er sich Madame Hanska zur Geliebten nahm, die Tausende von Kilometern entfernt lebte und ihm somit genügend Zeit ließ für seine brillanten Werke und seine Eßgewohnheiten, die sein Biograph Léon Gozlan beschreibt:

> *»Das Obst auf seinem Tisch war überraschend schön und schmackhaft. Wenn er einen Haufen Birnen oder saftiger Pfirsiche anschaute, bebten seine Lippen, seine Hände zitterten und seine Augen strahlten vor Freude über den Anblick. Nicht eine Frucht würde überleben, um von der Vernichtung der anderen berichten zu können. Er vertilgte sie alle. Er war der Größte unter den vegetarischen Pantagruelisten.«*

Balzac hielt sich beim Schreiben an einen bewundernswert strengen Zeitplan und aß wenig, während er im Schaffenskampf begriffen war. Er ging um 20 Uhr, nach einem leichten Abendessen und ein bis zwei Gläsern Wein, zu Bett. Um zwei Uhr morgens saß er wieder am Schreibtisch und nahm bis sechs Uhr nur Kaffee zu sich, den er in einem Topf am Feuer warmhielt. Um sechs Uhr badete er und ließ sich von seinem Diener frischen Nachschub an Kaffee bringen. Von neun Uhr bis mittags arbeitete er weiter. Dann aß er zwei gekochte Eier mit etwas Brot und überarbeitete anschließend von dreizehn bis achtzehn Uhr seinen Text. Diese spartanische Existenz führte er wochen- oder auch monatelang. Sobald ein Werk beendet war, leistete er sich regelrechte Freßsuchtsanfälle. Zum Beispiel stopfte er sich einst in einer Pariser Bäckerei derart mit Makkaronigratins und Reistörtchen voll, als ob er noch nie in seinem Leben etwas zu essen bekommen hätte.(7)

Zola hatte ebenfalls eine ausgeprägte Vorliebe für Kuchen und aß beim Tee ganze Tabletts davon leer. Edmond de Goncourt fragte ihn einmal, ob er sich als Vielfraß betrachte. »Ja«, erwiderte Zola, »das ist mein einziges Laster. Und wenn es zu Hause nichts Leckeres zu essen gibt, dann bin ich durch und durch unglücklich. Es ist das einzige, was zählt; etwas anderes gibt es für mich nicht. Kannst du dir vorstellen, wie mein Leben aussieht?« Zum Schluß bedeutete ihm nur noch Essen etwas. Manchmal denke ich, das sollte auch genügen.

Wie Byron habe ich oft Schwierigkeiten, mich zusammenzureißen, und dann bereitet mir meine Verdauung ähnliche Qualen, wie er sie erleiden mußte. Ich versuche, meine Exzesse vor mir selbst zu verbergen und beherzige damit seine Worte: »Ein wirklich sinnlicher Mensch entzieht seinen Geist der rauhen Wirklichkeit. Nur indem wir das Irdische, das Materialistische, das Leibliche, das unseren Freuden innewohnt, erhöhen oder verschleiern oder völlig vergessen oder es zumindest noch nicht einmal vor uns selbst beim Namen nennen, können wir verhindern, daß es schlichtweg abstoßend wird.«

Wenn ich nachts im Bett liege und meinen Bauch festhalte, weil der stechende Schmerz nicht aufhören will, dann gelobe ich in Gedanken, weniger zu essen, jeden Bissen langsam und gründlich zu zerkauen, mich ganz auf meine Arbeit zu konzentrieren. Henry James hatte einmal ähnliche Bauchschmerzen. Die Ursache war die Fletchersche Erkrankung. Ihr Entdecker, der Ernährungswissenschaftler Horace Fletcher, riet seinen Anhängern, jeden Bissen, den sie zu sich nahmen, einhundertmal zu kauen. James kaute pflichtbewußt fünf Jahre lang jeden Happen fünfzigmal mit der rechten und fünzigmal mit der linken Kieferseite, bis ihm diese Mühsal schließlich ganz den Appetit verdarb. Nein, die Fletchersche Methode ist nicht mein Fall.

Vorübergehend erwog ich, mich wie Shelley und Shaw und Tolstoi vegetarisch zu ernähren. »Ein vergeistigter Mensch wie ich ißt keine Leichen«, behauptete Shaw einst, aber H. G. Wells strafte ihn Lüge, indem er zu berichten wußte, daß Shaw »Leberextrakt zu sich nahm und ihn als ›diese Medizin‹ bezeichnete«. Unter Shelleys bewundernswerten Werken in mehreren Sprachen finden wir auch eine Abhandlung über Vegetarismus, aber sein bewegtes Leben – komplizierte Affären mit neurotischen Frauen, Streit mit seinem Vater, Tod oder Entfremdung seiner Kinder und zuletzt sein eigener Tod durch Ertrinken – inspiriert mich nicht gerade dazu, seinem Beispiel zu folgen und ebenfalls Vegetarier zu werden. Vegetarische Speisen, so wie der Aphroditesalat, den Pomme einmal für mich zubereitete, tragen klangvolle Namen, um über ihren faden Geschmack hinwegzutäuschen.(8)

Irgend etwas nagt an meiner Seele, zerfrißt mich von innen. Sonst bin ich nie so fiebrig und ruhelos. Mir ist speiübel, meine Haut ist klamm und bleich, und meine Schweißausbrüche sind schlimmer geworden. Vermutlich ist das die Strafe für den übermäßigen Genuß von Fleisch, Rotwein und Desserts. Morgen werde ich mich ganz spartanisch von Toast ernähren, vielleicht mit dem letzten Rest der Marmelade.

Pomme hat mir ein echtes Rätsel aufgegeben. Auf dem letzten Marmeladenglas steht geschrieben: »Flaubert aß dies – gewinnbringend und umstritten.« Ich kann mich nicht entsinnen, daß Flaubert jemals Marmelade gegessen haben soll. Während ich sie nun selbst esse, mit einer Scheibe Toast und einer Tasse starkem Tee dazu, verspüre ich eine Mattigkeit, daß ich nur langsam schreiben und mich ansonsten kaum von der Stelle rühren kann.

Was hat das bloß alles zu bedeuten? Balzac probierte einst im Haschischklub Marmelade mit Haschisch. Die Wirkung beschreibt er in einem Brief an Madame Hanska: »Ich hörte Engelsstimmen und sah himmlische Bilder. Ich brauchte zwanzig Jahre, um Lauzuns Treppe hinabzusteigen. Die vergoldeten Ornamente und die Gemälde im Salon waren unbeschreiblich prächtig anzuschauen. Aber seitdem ich heute morgen erwachte, befinde ich mich in einer Art Halbschlaf und verfüge über so wenig Willenskraft, daß ich außerstande bin, irgend etwas zu tun.« Ein Arzt hatte das Haschisch beschafft. Er experimentierte mit der Droge, um herauszufinden, ob sie für medizinische Zwecke brauchbar sei, und zu diesem Zweck ließ er Maler und Schriftsteller – unter anderem Théophile Gautier – über ihre Haschischerlebnisse berichten. Gautier schildert eines der Abendessen in *The Hashish Club*:

»Daumengroße Happen grünlicher Marmeladenpaste wurden aus einem Kristallgefäß geschöpft und auf Schalen verteilt, neben denen jeweils ein vergoldeter Löffel lag. Das Anlitz des Arztes erstrahlte vor Eifer: seine Augen leuchteten, seine Wangen waren stark gerötet, an seinen Schläfen konnte man das Blut heftig pulsieren sehen, und seine geblähten Nüstern sogen gierig Luft ein. ›Dies ist dein Vorschuß aufs Paradies‹, sagte er, als er mir meine Portion übergab. Nachdem jeder die ihm zugeteilte Menge aufgegessen hatte, wurde Kaffee serviert, auf arabische Weise, sprich: mit Satz und ohne

Zucker. Dann erst nahmen wir am Tisch Platz. Diese Umkehrung der üblichen Reihenfolge bei Tisch mag den Leser erstaunen; in der Tat ist es ungewöhnlich, den Kaffee vor der Suppe und Marmelade als Vorspeise statt als Dessert anzubieten.
Gegen Ende des Mahls verspürten einige der inbrünstigsten Anhänger bereits die Wirkung der grünen Paste. Ich selbst hatte eine komplette Verwandlung meines Geschmackssinnes erlebt. Das Trinkwasser schien den Geschmack eines erlesenen Weines angenommen zu haben, das Fleisch schmeckte nach Himbeeren und die Himbeeren nach Fleisch. Ich hätte ein Kotelett nicht von einem Pfirsich unterscheiden können.«

Baudelaire war auch einmal Gast im Haschischklub, aber er vertrat die Ansicht, Haschisch mache antriebslos. In Anbetracht dessen, daß Baudelaire Opiumkonsument war, ist dies ein seltsames Argument. »Niemand, der durch die Einnahme eines Löffels Marmelade Zugang zu sämtlichen himmlischen und irdischen Freuden bekommen kann, wird sich jemals bemühen, einen Bruchteil davon mittels harter Arbeit zu erlangen.« Haschisch sei etwas für verschwenderische Nichtsnutze, sagte er; durch den Konsum dieses Giftes werde der Mensch zum Inbegriff ichbezogener Leidenschaften.

Dennoch hinterließ Baudelaire in seinem *Poem of Hashish* ein Rezept für Haschischmarmelade, in dem er anmerkt, daß der Haschischharz mit Schokolade oder Ingwerkonfekt eingenommen werden kann:

»Das ölige Extrakt der Cannabispflanze wird von den Arabern dadurch gewonnen, daß sie die Blätter der grünen Pflanze mit Butter und etwas Wasser kochen.
Nachdem die Flüssigkeit verdunstet ist, wird der Bodensatz durchgesiebt und ergibt eine Substanz, die grünlich-gelber Salbe ähnelt und unangenehm nach Haschisch und ranziger Butter riecht. Daraus werden kleine Kügelchen geformt, die je zwei bis vier Gramm wiegen. Da der Geruch aber so abstoßend ist und sich mit der Zeit noch verstärkt, überdecken ihn die Araber gerne, indem sie das Haschisch zu Konfekt verarbeiten. Das gebräuchlichste ist Dawamesk, eine Mischung aus Zucker, Vanille, Zimt, Pistazien, Mandeln oder Moschus. Manchmal wird noch eine Prise Spanische Fliege

Charles Baudelaire (1821–1867). Foto: Nadar.

beigemischt, aber dadurch soll eine andere Wirkung erzeugt werden als durch das Haschisch. Als Konfekt ist Haschisch überaus genießbar, und man kann ohne weiteres eine Dosis von fünfzehn, zwanzig oder auch dreißig Gramm einnehmen. Man kann die Süßigkeit auch auf eine Scheibe Knäckebrot streichen oder in den Kaffee rühren.«

Was ist die Bedeutung von Pommes letzter Botschaft? Ich kann mich immer noch nicht daran erinnern, daß Flaubert jemals Haschischmarmelade aß. Kraftlos blättere ich Flauberts veröffentlichte Korrespondenz durch und suche Hinweise, die mir verraten könnten, was Pomme meinte und warum mir so übel ist. Warum ist meine Haut so rauh, beinahe schuppig? Und warum fällt es mir so schwer, die Seite umzublättern, mich zu konzentrieren?

Früher kritisierte Pomme oft meine achtlose Grausamkeit, wie sie es nannte. Sie fand, daß ich mich zu stark an den Männern orientiere, deren Werke ich lese und bewundere. Dann verachtete sie mich und wehrte sich vergeblich gegen die Anziehung, die ich, trotz ihres Widerwillens, auf sie ausübte. Nun bin ich dabei, die katastrophalen Auswirkungen unserer Beziehung auf eine Art zu erleben, die ich niemals für möglich gehalten hätte.

Langsam und mühevoll durchsuche ich meine Bibliothek nach jeglicher Literatur, die etwas mit Flaubert zu tun haben könnte, und schließlich finde ich den Brief, der Pomme zu dieser Wahnsinnstat inspiriert hat. Ich habe einmal Pomme Flauberts gesammelte Korrespondenz geschenkt, weil ich glaubte, sie könne ihr gefallen. Nun hat sie sie gegen mich verwandt. »Ich habe den Geschmack des Arsens, mit dem Emma vergiftet wurde, so stark auf der Zunge, daß er mir zwei Magenverstimmungen hintereinander verursacht hat – ganz echte, denn ich habe mein Abendessen erbrochen.«

Ich kann mich kaum mehr bewegen.

(1)

❁ Consommé à la Deslignac

Consommé à la Deslignac ist eine Hühner-Kraftbrühe, die mit Tapioka angedickt und mit gewürfeltem Royale, gekochtem Blattsalat und kleingeschnittenem Kerbel garniert wird.
Royale ist eine Eierspeise, die in einer Form zubereitet und in Würfel geschnitten wird, zum Garnieren von Suppen. Tapioka wird aus den Knollen des Maniokstrauchs gewonnen und zum Andicken von Soßen und Desserts verwendet.

❁ Junghasenbrisolettes mit Trüffeln

Brisolettes sind kleine frittierte Klöße, mit süßer oder herzhafter Füllung.

❁ Kartoffelgnocchi (von Zola Nioka genannt)

AUS: FELIX URBAIN-DUBOIS, »THE HOUSEHOLD COOKERY BOOK«, 1871

Kochen Sie 8 bis 10 Kartoffeln mit Schale. Wenn sie fertig sind, schälen und reiben Sie sie oder passieren sie durch ein Sieb. Geben Sie das Püree in einen Topf, mischen Sie darunter Gewürze sowie ein Stück Butter, ein ganzes Ei, zwei Eidotter und eine Handvoll geriebenen Parmesankäse.
Legen Sie den Teig auf ein mit Mehl bestäubtes Nudelbrett und kneten Sie mit beiden Händen ein Drittel der Teigmenge an Mehl ein. Zerteilen Sie anschließend den Teig in mehrere Stücke, die Sie zu fingerdicken Röllchen formen. Schneiden Sie diese diagonal durch, wobei Sie die Schnittstellen abrunden. Kochen Sie sie in Salzwasser, bis sie fest geworden sind. Gießen Sie dann das Wasser ab, geben Sie die Gnocchi in eine Schüssel, übergießen sie mit geschmolzener Butter und etwas Bratensoße und reiben Sie Parmesankäse darüber.

❁ Karpfen à la Chambourd

Chambourd ist eine klassische und aufwendige Art, großen Fisch zuzubereiten. Der Fisch wird gefüllt, in Rotwein geschmort und mit einer Mischung aus Fischknödeln, Seezungenfilet, sautiertem Rogen, Pilzköpfen, Trüffeln und Langusten garniert.

❁ Hirschrücken à l'Anglaise

Hirschrücken à l'Anglaise wird in einer hellen Brühe gekocht.

❁ Hühnchen à la Maréchale

Dies ist Hühnerbrust, die mit Ei und Semmelbröseln paniert und dann sautiert wird. Sie werden mit Spargelspitzen und einer Scheibe Trüffel garniert und mit Butter oder angedickter Chateaubriandsauce serviert. Chateaubriandsauce wird aus zerkleinerten Schallotten, Thymian, Lorbeerblättern, geschnetzelten Pilzen und Weißwein zubereitet.

❁ Seezungensalat mit Soße à la Ravigote

AUS: FELIX URBAIN-DUBOIS, »THE HOUSEHOLD COOKERY BOOK«, 1871

Legen Sie drei gesäuberte Seezungen in kochendes, gesäuertes Salzwasser, lassen Sie sie zehn Minuten darin ziehen, gießen Sie das Wasser ab, lassen Sie den Fisch abkühlen, trennen Sie auf beiden Seiten die Filets ab, schneiden Sie sie alle zu gleicher Größe zurecht, legen Sie sie auf eine Platte, würzen sie und übergießen sie mit Essig und Öl. Bereiten Sie einen Gemüsesalat zu, mit etwas Mayonnaise, Zitrone und Gewürzen. Türmen Sie ihn auf einer vorgekühlten Platte pyramidenförmig auf und stellen Sie die Seezungenfilets aufrecht ringsherum, so daß sie an die Pyramide gelehnt sind. Krönen Sie die Pyramide mit etwas Aspik und umranden Sie die Basis mit Fleischstückchen aus selbigem Aspik. Bieten Sie dazu eine Schüssel Soße à la Ravigote an.

❁ Soße à la Ravigote

NACH: AUGUSTE ESCOFFIER, »DER KOCHKUNST-FÜHRER«
(AMERIKANISCHE AUSGABE DES »GUIDE CULINAIRE«), 1903

Vermischen Sie ½ Liter Olivenöl, ¼ Liter Essig, Salz und Pfeffer, 60 Gramm Kapern und drei Teelöffel erlesener Kräuter (einer Kräutermischung, die zu gleichen Anteilen aus kleingeschnittener Zwiebel, Petersilie und der halben Menge Kerbel, Schnittlauch und Tarragon besteht). Rühren Sie kräftig um.

❁ Cèpes à l'Italienne

Cèpes sind eine Pilzart. Sauce à l'Italienne ist eine Mayonnaisensoße mit Zitronensaft, die mit gewürfeltem Kalbshirn und kleingehackter Petersilie garniert wird.

❁ Frittierte Ananas à la Favorite

NACH: AUGUSTE ESCOFFIER, »DER KOCHKUNST-FÜHRER«
(AMERIKANISCHE AUSGABE DES »GUIDE CULINAIRE«), 1903

Bereiten Sie eine Frangipani-Creme zu, kühlen Sie sie und mischen Sie ihr zerkleinerte Pistazien bei.
Schneiden Sie eine Ananas in 1 cm breite Scheiben, die Sie halbieren und mit Zucker und Kirschwasser besprenkeln. Lassen Sie die Scheiben eine halbe Stunde lang ziehen, tupfen sie dann trocken und tauchen sie in die gekühlte Frangipani-Creme. Machen Sie einen dünnflüssigen Teig, in den Sie die Ananasscheiben eintauchen und in einer großen Menge heißem Fett frittieren. Gießen Sie das Fett ab und bestreuen Sie die Ananas mit Puderzucker. Legen Sie sie in den vorgeheizten Ofen, bis der Zucker geschmolzen ist.

❁ Frangipani-Creme

Verrühren Sie 200 Gramm Puderzucker, 60 Gramm Mehl, 2 Eier und 5 Eidotter. Gießen Sie ¼ Liter kochendheiße Milch über die Mischung und rühren sie kräftig um.

Fügen Sie eine Prise Salz und wahlweise Gewürze hinzu. Schütten Sie die Soße in einen Topf und lassen Sie sie bei mittlerer Hitze einige Minuten lang unter Rühren kochen. Gießen Sie sie nun in eine Schüssel, in die Sie drei Eßlöffel Butter und zwei Teelöffel Makronenkrümel geben. Rühren Sie gut durch. Glätten Sie die Oberfläche der Soße mit einem eingebutterten Löffel, damit sich beim Abkühlen keine Kruste bildet.

(2)

❁ Béchamelsoße

NACH: »LAROUSSE GASTRONOMIQUE«, 1984

Béchamelsoße ist nach einem Höfling Ludwigs XIV., Marquis de Bechamel benannt, obwohl laut Larousse Gastronomique ein anderer Höfling behauptete, er habe die Soße bereits Jahrzehnte vor Marquis de Béchamels Geburt erfunden. Die Soße ist eine weiße Mehlschwitze, eine Mischung aus Mehl und geschmolzener Butter, in der eine mit Nelken gespickte Zwiebel mitgekocht wird.
Erhitzen Sie bei niedriger Flamme 3 Teelöffel Butter, bis sie schmilzt. Rühren Sie 6 Eßlöffel Mehl ein; geben Sie acht, daß die Farbe sich nicht verändert. Gießen Sie 2 Tassen Milch hinzu und quirlen Sie kräftig, um Klumpenbildung zu verhindern. Würzen Sie die Soße mit Salz, Pfeffer und geriebener Muskatnuß. Lassen Sie sie weiter köcheln, bis sie die gewünschte Konsistenz erreicht hat. Rühren Sie gelegentlich um, damit sich keine Haut bildet.

(3)

❁ Käsekuchen aus Brie

AUS: ALEXANDRE DUMAS, »GRAND DICTIONAIRE DE CUISINE«, 1873

Nehmen Sie irgendeinen guten Briekäse und verkneten Sie ihn mit einem Kilogramm Mehl, 90 Gramm Butter und einer Prise Salz. Fügen Sie 5 bis 6 Eier hinzu und arbeiten Sie mit der Handfläche den Teig gut durch. Lassen Sie ihn eine halbe Stunde ziehen, rollen Sie ihn dann mit einem Nudelholz aus. Formen Sie den Kuchen auf gebräuchliche Art, bestreichen Sie ihn mit Ei und backen Sie ihn ab.

(4)

❀ Glühwein

NACH »LAROUSSE GASTRONOMIQUE«, 1984

Geben Sie eine Flasche Leoville in einen Topf, fügen Sie Zitronen- oder Orangenschale, Zucker oder Honig und Gewürze (Zimt, Nelken, Muskat) hinzu, erhitzen Sie den Wein auf niedriger Flamme, aber lassen Sie ihn nicht kochen. Sieben Sie ihn nach etwa 10 Minuten durch. (Die Gewürze können Sie vor dem Erhitzen eine halbe Stunde lang in einem Glas Wein ziehen lassen.)

❀ Pfirsiche à la Condé

Speisen, die à la Condé zubereitet sind, verdanken ihren Namen einem französischen General, dem Großen Condé (1621–1686). Pfirsiche à la Condé werden gekocht und auf Milchreis mit Zucker und Vanille serviert und mit Fruchtsirup übergossen.

(5)

❀ Makronen

Laut Larousse Gastronomique wurden Makronen in Italien erfunden, möglicherweise von Mönchen, im Jahre 791. Im siebzehnten Jahrhundert wurden sie von Karmeliterinnen hergestellt, die glaubten, es sei für Mädchen, die kein Fleisch zu essen bekommen, wichtig, Mandeln zu sich zu nehmen. (Colette, wiederum, warnte Frauen davor, allzu viele Mandeln zu verspeisen, da sie angeblich den Busen vergrößern.) Die klassische Makrone ist außen knusprig und innen weich.
Schlagen Sie vier Eiweiß auf und geben Sie eine Prise Salz hinzu.

Verrühren Sie 1 ½ Tassen Zucker und 3 Tassen Mandeln und vermischen Sie diese mit dem Eischnee.
Legen Sie ein Backblech mit eingefettetem Backpapier aus und geben Sie mit einem Löffel kleine Haufen der Mixtur aufs Blech; lassen Sie genügend Abstand zwischen den Häufchen. Backen Sie die Makronen bei 200 Grad ca. 12 Minuten lang. Lassen Sie sie anschließend auf dem Rost auskühlen.

(6)

Punsch

Der Begriff leitet sich aus dem hindustanischen Wort für »fünf« ab. Er ist ein heißes oder kaltes Getränk, das aus fünf Zutaten hergestellt wird: Wasser, Zucker, Obst, Alkohol und aromatischen Gewürzen. In einem Brief an Thomas Moore beschreibt Byron am 9. April 1814 den Regency Punsch, den er zu Hummer genossen hatte.

❁ Der Punsch des Regenten

AUS: ELIZA ACTON, »MODERN COOKERY«, 1850

Schälen Sie 2 Chinaorangen, 2 Zitronen und eine Sevillaorange so dünn wie möglich und legen Sie die Schalen eine halbe Stunde lang in ¼ Liter dickflüssigen, gekühlten Sirup. Geben Sie sie dann in den Saft der Früchte. Kochen Sie ½ Liter starken grünen Tee, süßen Sie ihn mit Zucker, lassen ihn abkühlen und geben Sie das Obst, den Sirup, je ein Glas alten Jamaikarum, Brandy, Arrak, Ananassaft sowie zwei Flaschen Champagner hinzu. Gießen Sie die Flüssigkeit durch ein Leinensieb, bis sie völlig klar ist, geben Sie sie in Karaffen, die Sie auf Eis legen, bis es Zeit wird, das Getränk zu servieren. Wir verdanken dieses Rezept jemandem, der im Carltonpalast sechs Monate lang täglich den Punsch für den Prinzen zubereitet hat. Es ist bereits seit einigen Jahren in unserem Besitz und hat sich als verläßlich bewährt.
Arrak, eine der Zutaten, ist ein ursprünglich ostindischer Likör aus Reis, Zucker, Datteln, Fruchtsaft und Gewürzen.

(7)

❁ Reistörtchen

NACH: ISABELLA BEETON, »BEETON'S BOOK OF HOUSEHOLD MANAGEMENT«, 1859–1861

Isabella Beetons Rezept für Reistörtchen verlangt 150 Gramm Zucker, 150 Gramm Butter und 2 Eier je 300 Gramm Reismehl. Die Butter wird cremig gerührt und zunächst mit dem Mehl und dem Zucker, dann mit den Eiern vermischt. Der Teig wird ausgerollt, es werden Kreise ausgeschnitten und bei niedriger Hitze 12 bis 18 Minuten gebacken.

❁ Salat Aphrodite

AUS: ALICE B. TOKLAS, »DAS ALICE B. TOKLAS KOCHBUCH«, 1994

Dieser Salat wird dem Poeten mit sensiblem Magen empfohlen. Geben Sie kleingeschnittene Äpfel und Sellerie in eine Soße aus Joghurt, Salz und Pfeffer. Der Teller wird mit frischen Salatblättern ausgelegt.

9

Geschenke aus der Literatenküche

POMMES HAUSHALTSBUCH

M. F. K. Fisher sagte einmal, daß sie, wenn sie über Essen schreibt, in Wirklichkeit von Liebe spricht. Also ist das Geschenk des Essens gleichsam das Geschenk der Liebe. Am deutlichsten wird dies, wenn man die bemerkenswerte Tradition der Thai betrachtet, die es von jedem Sterbenden verlangt, seinen Angehörigen eine Rezeptsammlung zu erstellen und zu hinterlassen. Wenn ich über Essen nachdenke oder schreibe und auch wenn ich es zubereite, dann denke ich an das Leben selbst, an seine sich ständig wandelnden Schichten, an die vielen kleinen Veränderungen, die Göttliches bewirken können, an seine Kunst und seine Geheimnisse, die mittels unserer Sinne und unserer Fähigkeit zu lieben erst manifest werden. Bis auf eine Ausnahme waren die Geschenke aus meiner Küche immer ein geschenktes Stück Leben.

Ich werde jetzt anfangen, meine Rezepte zu ordnen. Irgendwann einmal werde ich sie meinen Freunden hinterlassen, aber zunächst sollen sie Bestandteil meines Haushaltsbuches sein. Bei Willa Cather zu Hause pflegte man handgeschriebene Rezepte und Notizen zwischen die Seiten der Kochbücher zu stecken, so daß aus veröffentlichten Werken Haushaltsbücher wurden. Frauen, die keine Kochbücher besaßen, tauschten Koch-, Pflege- und Heilmittelrezepte mit ihren Nachbarinnen und Freundinnen aus. Ihr selbstgemachtes Haushaltsbuch war eine Art Tagebuch, das die Geschichte ihres Lebens, ihrer Freundschaften und Nachbarschaften erzählte.

Martha Lloyd, die mit Jane Austen und ihrer Familie zusammenlebte, sammelte Rezepte, die erklärten, wie man Obstwein herstellt, Fleisch einpökelt, Käsekuchen backt, Strümpfe bleicht, Potpourris mischt und Tinte anrührt. Letzteres war wohl das wichtigste Rezept für jenen Haushalt. Tinte kann man aus der Säure von Galläpfeln und Eisensulfat machen, indem man beides zwei Wochen lang in gezuckertem Bier ziehen läßt. Nun habe ich meinen Federhalter gefüllt und kann anfangen zu schreiben.

> *»Ein Zwillingspaar Brote wurde soeben unter meiner Aufsicht in die Welt hineingeboren – schöne Kinder, Ebenbilder ihrer Mutter.«*
> Emily Dickinson
> *Geschenke der Liebe*

Wenn du kochen kannst und deine Lieben gerne lesen, schenk ihnen eine Schachtel Marzipan und Balzacs *Junggesellenwirtschaft*, worin er die Süßigkeit beschreibt. Oder laß ihnen Emily Dickinsons schwarzen Kuchen und einen Band ihrer Gedichte zukommen. Emily verschickte Korinthenwein, Brote und Süßigkeiten und legte ihnen Gedichte oder Zettel mit liebevollen Kommentaren bei. »Anbei ein Stück ›bleibendes Biskuit der Liebe‹, zwar etwas angebrannt, aber der Ofen der Liebe ist eben heiß!« schrieb sie ihrer Schwägerin auf den Zettel, den sie einer Schachtel Karamelbonbons beifügte. Oder back Jane Carlyles köstliches Krustenbrot und verschenk es zusammen mit einer Ausgabe ihres Kochbuchs.

Nachdem sie ihr Leben bislang einseitig darauf ausgerichtet hatte, ihren Geist zu bilden, war die jungverheiratete Jane Carlyle auf ihre hausfraulichen Pflichten überhaupt nicht vorbereitet. Als ihr Mann, Thomas Carlyle, von gekauftem Brot anfing, Magenschmerzen zu bekommen, brachte sich Jane das Backen bei. Sie verwendete dazu William Cobbetts *Cottage Economy*. Einmal setzte sie den Teig zu spät an, so daß das Brot erst abends gebacken werden konnte und Jane bis spät in die Nacht aufbleiben mußte, um den Vorgang zu Ende zu bringen. Während sie neben dem Ofen wartete, bis das Brot fertig war, kam sie sich vor wie der Künstler Benvenuto Cellini, der sich gerade seine Besetzung für *Perseus* backt –

so schrieb sie einer Freundin. Wußte Thomas Janes Bemühungen zu schätzen, so, wie William Cobbett meint, daß es der junge Ehemann unweigerlich tun müsse?

»Kann es einen schöneren Anblick geben als den einer stattlichen, adretten Frau, die im Begriff ist, ihren Backofen anzuheizen und den Brotteig zu kneten? Und wenn der Eifer ihres Tuns ihre Stirn ein wenig glänzen läßt – welcher Mann würde nicht lieber diesen ehrlichen Tropfen wegküssen als den Puder auf der Wange einer Herzogin?«

Das Backen von Brot ist im Laufe der Zeit zu einer Art Mysterium geworden, das die meisten Menschen derart einschüchtert, daß sie sich nicht heranwagen. Dabei liegt das ganze Geheimnis darin, daß es keines gibt. Laß deine Phantasie all jene Regeln überspringen, die sich dir als Hürden darstellen. Laß dich nicht von Kochbuchautoren wie William Cobbett, der ganze vier Seiten braucht, um dem Leser zu erklären, wie man Brot backt, ins Bockshorn und aus der Küche jagen. Wenn es dir gelingt, seine Einstellung zu ignorieren, wirst du allerdings feststellen, daß seine Rezepte gar nicht übel sind. Das Brotrezept, das ich von ihm übernommen habe, ist ein einfaches, und es läßt sich endlos variieren.

❁ Pommes Brot

2 ¾ Tassen Weißmehl
½ Tasse Vollkornmehl
1 Päckchen (bzw. 8 g) Trockenhefe
½ Teelöffel Salz
1 ½ Tassen Wasser oder Milch, oder einer Mischung aus beidem
2 Tl. Butter oder Schmalz
2 Tl. Zucker

Erhitze eine Tasse Milch, rühre Zucker und Hefe ein, und laß das ganze einige Minuten lang ziehen. Gib das Mehl, zusammen mit einer Prise Salz, in eine große Rührschüssel. Mache in der Mitte einen Hohlraum, in den du das Fett und dann die Milch mit der

Hefe gibst. Knete den Teig durch, bis er weich und geschmeidig ist. Füge, falls erforderlich, mehr Mehl und/oder Flüssigkeit hinzu.
Decke den Teig ab und laß ihn an einem warmen Ort ziehen, eine Stunde lang, oder bis der Umfang des Teigs sich verdoppelt hat. Knete ihn noch einmal durch. Forme einen Brotlaib oder Brötchen, den oder die du auf ein Stück Backpapier legen und erneut gehen läßt, bis sich der Umfang verdoppelt hat. Heize den Ofen auf 180 Grad vor und backe das Brot zwischen 45 Minuten und einer Stunde lang.

So kannst du variieren:

Durch die Butter wird das Brot weich und in seiner Beschaffenheit einheitlich, dennoch ist die Butter nicht die entscheidende Zutat. Wenn du eine andere Geschmacksrichtung ausprobieren willst, gib gemahlenen Muskat, Safran, Knoblauchpulver oder was immer du willst ins Mehl.
Brot ist ein heimeliges Produkt des Herdes. Kuchen ist ein Luxus, ein ausgefalleneres Geschenk. Als Emily Dickinson einst Blumenzwiebeln geschenkt bekam, revanchierte sie sich mit einer Scheibe üppigen schwarzen Kuchens, einer Abschrift des Rezepts und Blumen, die aus den Zwiebeln gewachsen waren.

❈ Schwarzer Kuchen

AUS: »GUIDES AT THE DICKINSON HOMESTEAD«: ›EMILY DICKINSON: PROFILE OF THE POET AS COOK‹, 1976

800 g Mehl
800 g Zucker
800 g Butter
19 Eier
4 Pf. Rosinen
500 g Korinthen
500 g Zitronen
¼ l Brandy
¼ l Melasse

2 Tl. Muskat
5 Tl. Nelken, Muskatblüte und Zimt
2 Tl. Soda

Vermische den Zucker mit der Butter, schlage die Eier dazu, verrühre die trockenen Zutaten untereinander und gib sie dann ebenfalls hinzu.
Bei 120 Grad 5–6 Stunden backen.

Schwarze Kuchen können, ähnlich wie Hochzeits- oder Weihnachtskuchen, mit Marzipanglasur zubereitet werden. In *Junggesellenwirtschaft* schreibt Balzac, Marzipan, bzw. Massepains d'Issoudun, sei ein sorgsam gehütetes Geheimrezept des uralten Ordens der Ursulinerinnen. 1844, vier Jahre nach Erscheinen des Buches, kursierte das Gerücht, Balzac habe vor, in der Rue Vivienne eine Konditorei zu eröffnen und dort Massepains d'Issoudun zu verkaufen. Ob sich Balzac tatsächlich mit diesem Gedanken trug, ist nicht bekannt, aber auf alle Fälle förderte das Gerede den Verkauf des Romans.

❁ Marzipan

NACH: »LAROUSSE GASTRONOMIQUE«, 1984

Verrühre 3 ½ Tassen gebrühter, gemahlener Mandeln mit 2 Tassen Zucker und ¼ Tasse Vanillezucker. Rühre nach und nach 4 Eiweiß ein. Laß den Teig einige Minuten lang ziehen. Rolle ihn dann aus zu einem Durchmesser von 0,75 cm, stich Plätzchen aus und bestreiche sie mit einer dünnflüssigen Königsglasur, die du vorher mit einigen Tropfen Orangenblütenwasser abgeschmeckt hast. Lege die Marzipanplätzchen auf ein mit gewachstem Papier ausgelegtes Backblech und laß sie im kalten Ofen trocknen.

❁ Königslasur

Schlage etwas Eischnee, dem du Puderzucker beimischst. Rühre gut um, bis die Mixtur so dickflüssig ist, daß sie nicht mehr zerläuft. Du kannst ein paar Tropfen Aroma (am besten 10 Tropfen je 2 Eiweiß) hinzugeben. Um Kuchenglasur herzustellen, verwende für jedes Eiweiß 1 ½ Tassen Zucker.

Ich hatte einen Liebhaber, der von den Geschenken aus meiner Küche begeistert war. Dann reiste er nach Singapur und war plötzlich verschwunden. Monate später meldete er sich bei mir und berichtete, daß man ihn in Singapur wegen Drogenschmuggels verhaftet hatte. Kürzlich schrieb er mir und bat mich, ihm noch mehr Notizbücher zu senden. Er sagt, mit dem Roman, den er schreibt, komme er gut voran. Wenn ich ihm eßbare Geschenke schicken und ihn damit trösten könnte, dann würde ich es tun. Wenigstens hat er gelernt, seine Einsamkeit sinnvoll zu nutzen.

So nährt man Schaffenskraft und Leidenschaft

Aus allerlei Sorten erlesenem Fisch
Wie Seezunge, Häsling und Plötze gebraut,
Mit Zwiebeln und Knoblauch und Pfeffer ganz frisch
Und auch so manch anderem Kraut
So kocht man Bouillabaisse in Terré's Taverne,
Jenes erquickende, edle Gericht;
Zwar aß ich es auch in Greenwich recht gerne,
Doch so köstlich wie hier war's lange nicht.
Thackeray

Die kulinarische Gabe, die ich meinen Freunden, Liebhabern und Lieblingsschülern am meisten wünsche, ist die, eine perfekte Bouillabaisse zubereiten zu können, jene reichhaltige südfranzösische Fischsuppe, die die Suche nach Vollendung veranschaulicht. In *Larousse Gastronomique* wird dargestellt, wie die Fischer diese Suppe früher in riesigen Kesseln am Strand kochten, aus Fischen, die sie nicht verkaufen konnten. Die Ursprünge des Gerichts liegen aber nach wie vor im Dunkeln und bieten Anlaß für hitzige Dispute. Es gibt Hunderte von Rezepten für Bouillabaisse, aber alle, die die Aufgabe ernst nehmen, sind unerschütterlich davon überzeugt, daß ihr Rezept das einzig Richtige sei.

Einige vertreten die Ansicht, der Fisch müsse als Ganzes gekocht und erst ganz zuletzt aus der Brühe herausgeholt und getrennt serviert werden. Andere schneiden ihn in Stücke oder servieren ihn mitsamt der Suppe. Alice B. Toklas gibt vor, daß eine Bouillabaisse mindestens fünf Arten Fisch enthalten soll. Von ihr erfahren wir, daß es in Frankreich drei Sorten Bouillabaisse gibt: das ursprüngliche Rezept aus Marseille, bei dem Fisch aus dem Mittelmeer verwendet wird, eine Pariser Version mit Fisch aus dem Atlantischen Ozean und »ein sehr verfälschtes mit Süßwasserfisch«. Ford Madox Ford, der von der ölhaltigen Küche der Provence zutiefst enttäuscht war, betrachtete Bouillabaisse als eine ihrer wenigen Lichtblicke. Seiner Meinung nach unterscheiden sich die drei Sorten Bouillabaisse nicht durch die Herkunft des darin enthaltenen Fischs, sondern dadurch, daß sie Langusten oder Kartoffeln oder keines von beiden enthalten. »Ich ziehe sie mit Kartoffeln, aber ohne Languste vor«, schreibt er in *Provence*. Waverly Root war davon überzeugt, daß jede französische Stadt ihr eigenes Rezept für Bouillabaisse hat, daß aber jedes Olivenöl, Tomaten und Safran enthält.

❁ Bouillabaisse

FORD MADOX FORD, NACH CHEF CAILLATS REZEPT, MARSEILLES, 1891
AUS: FORD MADOX FORD, »PROVENCE«

Nehmen Sie eine große Menge des Fisches, den man »rascasse« nennt – in meinem Wörterbuch ist er nicht zu finden – sowie »grondin«, ein roter Knurrhahn aus der Nordsee, »boudroie«, für den ich auch keine Übersetzung finden kann, Meeraal, »roucaou«, »merlan«, oder Wittling; Saint Pierre oder »zée«, den mein Wörterbuch mit »Zeusfisch« übersetzt. Im Larousse steht, er stamme aus Australien (!), obwohl man jeden Tag beobachten kann, wie er im Mittelmeer gefangen wird. Ich halte ihn für eine Art Schellfisch. Und ganz zuletzt nehmen Sie den »loup du rocher«, den delikatesten, köstlichsten Fisch aller Seen und Flüsse, die Gott je geschaffen hat. Sein Fleisch ist so fest wie das der Forelle und hat dabei eine ganz eigene Farbe und Konsistenz, und

der leicht schlammige Beigeschmack, der selbst der besten schottischen Bachforelle anhaftet, fehlt vollkommen.
Wählen Sie besonders frische Exemplare dieser Gattungen, entschuppen und entgräten Sie sie und schneiden Sie sie in Längsstreifen. Legen Sie den Wittling, den loup, den zée und den roucaou erst einmal beiseite, denn ihr Fleisch ist so zart, daß es nicht so lange kochen darf wie das der anderen.
Geben Sie folgendes in einen Kochtopf: eine kleingehackte Zwiebel, zwei Tomaten, drei bis vier Knoblauchzehen, etwas Fenchel, Lorbeer und bittere Orangenschale, alles gleichermaßen kleingehackt, einen Thymianzweig, Olivenöl, Pfeffer, Salz, Safran und den Fisch, den Sie nicht beiseite gelegt haben. Geben Sie soviel kochendheißes Wasser hinzu, daß die Zutaten gerade bedeckt sind, und bringen Sie das Ganze auf hoher Flamme schnell zum Kochen. Geben Sie den übrigen Fisch nach fünf Minuten hinzu und lassen Sie die Suppe weitere fünf Minuten auf hoher Flamme kochen, damit sich die Zutaten gut vermischen.
Legen Sie Brotscheiben, die Sie einen knappen Zentimeter dick geschnitten haben, in die Suppenschüssel oder Terrine und gießen Sie die Suppe durch ein Sieb darauf. Legen Sie den Fisch auf einen anderen Teller, entfernen Sie die Kräuter und streuen Sie dafür ein wenig Petersilie darüber.

Es ist genug Platz auf der Welt für alle Arten Bouillabaisse. Seriöse Köche sollten für andere Sichtweisen und Geschmacksrichtungen offen bleiben und dem Können eines Kollegen Anerkennung zollen. Wenn man bereit ist, von anderen zu lernen, kann man sich nur verbessern.

Ich habe mich schon oft gefragt, was für mein Vater die größte Leistung in seiner Karriere als Koch gewesen ist. Mich hat er gelehrt, mutig zu sein und meine Leidenschaft fürs Kochen am Leben zu halten, aber ich kannte noch immer nicht die Quelle, aus der er selbst seine kulinarische Phantasie speiste. Also schrieb ich ihm einen Brief, in dem ich ihn bat, mir das Rezept zu senden, das er als Inbegriff seiner Kochkunst betrachtet. Hier sein Antwortschreiben:

Chérie,

Ich habe viel über das Rezept nachgedacht, um das Du mich gebeten hast.

Sollte ich Dir das Pastarezept schicken, das ich mir von unserem alten Freund Étienne ausborgte, das mir zu meiner jüngsten Beförderung verhalf? (Weißt Du übrigens schon, daß er vor einigen Jahren zur Fremdenlegion gegangen ist, nachdem er im Chez Robert aufgehört hatte? Seitdem haben wir nichts mehr von ihm gehört.)

Oder sollte ich Dir das Rezept für die herzförmigen, handgemachten Pralinen schicken, die mit der Frangipani-Cremefüllung, die ich Deiner Mutter schenkte, als wir einander kennenlernten? Ich könnte Dir allerdings auch die Gerichte schildern, die ich im Chez Robert auftrug, als die Hotelmanager vom Savoy dort auftauchten, um neue Küchenchefs zu rekrutieren. Es sind alles Rezepte gewesen, die meinen Lebensweg entscheidend beeinflußt haben.

Statt dessen habe ich jedoch beschlossen, ein ganz neues Rezept zu schaffen, extra für Dich. Die Vergangenheit ist vorbei, deshalb kann ein altes Rezept nicht für meine ständige Suche nach neuen, faszinierenden Geschmacksrichtungen stehen, mit denen ich mir selbst und meinen Gästen Freude bereiten will. Da dieses Rezept ein Geschenk ist, unterstreicht es die Tatsache, daß Künstler immer das Bedürfnis haben, ihre Werke weiterzugeben, besonders an jene, die ihnen am Herzen liegen. Das Rezept ist einfach, aber sehr variabel, und ein Spritzer Brandy oder Calvados verleiht ihm einen unerwarteten Geschmack. Ich liebe ja Überraschungen.

❆ Feu d'enfer für Pomme

Nimm Erdbeeren oder Himbeeren, wasche und entstiele sie.
Schneide eine Banane in Scheiben.
Erhitze in einer Bratpfanne bei mittlerer Flamme etwa einen Teelöffel Butter und 2 Teelöffel Zucker. Gib die Bananenscheiben hinzu, sobald die Mixtur anfängt zu kochen. Laß sie einige Minuten lang köcheln und rühre dabei um. Gib die Beeren hinzu und laß alles zusammen nochmals einige Minuten köcheln.
Gieße ein Schnapsglas voll Brandy oder Calvados in die Pfanne und zünde ihn an.
Das Dessert ist nun sofort aufzutragen. Man ißt es mit Speiseeis.

Nun bin ich mal gespannt, was Du von diesem Rezept hältst. Ich weiß, daß Du gerne Biscuits Tortoni ißt, und ich denke, es wird gut dazu passen. Die Hitze der Früchte zusammen mit der Kälte des Speiseeises zaubern einen ausgefallenen Geschmack auf die Zunge.

Dein Dich liebender Vater
Henri

Wenn ich auf der Suche bin nach neuen kulinarischen Ideen, dann halte ich mich an Speisen, die meinem geistigen Appetit entsprechen. Ich liebe die feurige Schöpfung meines Vaters, aber ich hebe sie mir für Momente auf, in denen ich besonders ruhelos bin. Manchmal nehme ich auf meinen kreativen Wegen die Stärkung zu mir, die Charles Dickens in den Pausen seiner öffentlichen Lesungen zu trinken pflegte. Das Rezept dazu gibt er in seinem Roman *Little Dorrit*: »Der Dotter eines soeben gelegten Eies wird in einem Glas mit gutem Sherry, Muskat und Puderzucker verrührt.« Und gelegentlich wärme ich mich mit Kakao auf, wobei ich mich nach einem Rezept François Tassarts, des Kammerdieners Maupassants, richte. Während Maupassant in der Küche schrieb, ließ er sich von Tassart heiße Schokolade bringen, in der eine Vanillenschote zwölf Stunden lang überm Herd gezogen hatte. In meinen Kakao rühre ich einfach einen halben Teelöffel Vanille.

Maupassant und Tassart verbrachten einmal das Wochenende in einem Haus, in dem auch Flaubert gerade als Gast weilte. Tassart lieh sich vom Butler eine Ausgabe von *Madame Bovary* und las der Dienerschaft daraus vor. Es entstanden eifrige Diskussionen über das Schicksal Emma Bovarys. Ein Dienstmädchen meinte, an Emmas Stelle hätte sie dem Wilderer Zuneigung geheuchelt, seine Waffe entwendet und ihn damit getötet, um ihr Geheimnis zu wahren.

Lies einmal selbst *Madame Bovary*, überlege dir, wie du dich in ihrer Lage verhalten hättest, und führe dir dabei Flauberts heißen Toddy zu Gemüte. Das Rezept steht im *Alice B. Toklas Kochbuch*: Man soll zwei Schnapsgläser voll Calvados und ein Schnapsglas Aprikosenbrandy erhitzen und anschließend langsam und vorsichtig ein Schnapsglas voll Sahne hinzugießen.

Sehr zu empfehlen ist auch das Getränk, das Evelyn Waugh im Jahre 1929 wiederbelebte, nachdem er mit »einigen reizenden Norwegern« das Athener Nachtleben erkundet hatte:

❁ Gepfefferter Champagner

AUS: EVELYN WAUGH, »ALS DAS REISEN NOCH SCHÖN WAR«, 1929

Er nahm ein großes Tablett Zuckerrübenstücke (wobei die gleiche Menge normalen Würfelzuckers den selben Zweck erfüllt), weichte sie in Angostura ein und panierte sie mit Cayennepfeffer. Dann legte er sie in ein großes Glas Champagner. Dieses Getränk ist so hervorragend, daß mir die Worte fehlen, es zu beschreiben. Der Zucker und der Angostura verfeinern den Geschmack des Weins und nehmen ihm zugleich jenen säuerlichen Beigeschmack, der selbst den besten Champagner frühmorgens wenig verlockend erscheinen läßt. Jede Luftblase, die aus der Tiefe des Glases emporsteigt, enthält ein rotes Pfefferkorn, das den Appetit zugleich stimuliert und befriedigt. Heiß und Kalt, Feuer und Wasser beschäftigen abwechselnd den Gaumen. Es ist ein nahezu unerträglich begehrenswertes Getränk.

Auch ich habe einmal ein mir nahezu unerträglich begehrenswert erscheinendes Getränk gekostet; sein Gift hat mich verführt. Falls du jemals Rachegedanken haben solltest, dann nimm dich vor den Folgen in acht. Colette rechnete mit ihrem zweiten Ehemann ab, indem sie seinen halbwüchsigen Sohn, ihren eigenen Stiefsohn, verführte. Hätte sie sich die Zeit genommen, ihren böswilligen Plan noch mal zu überdenken, hätte sie vielleicht den jungen Mann nicht auf diese Weise ausgenützt. Sei dir über folgendes im klaren: Die Leidenschaft mag dir zunächst einmal Kraft verleihen, aber sobald sie dich blendet, bist du ihr Opfer. Welche schlimme Tat würdest du vollbringen, bloß weil man dir nicht deinen Willen gelassen hat? Bevor du deine Rachepläne ausführst, distanziere dich erstmal von deinem egozentrischen Innenleben. Geh nach draußen, mach einen Spaziergang, sieh dir die Welt an, achte auf das, was sie dir zu bieten hat. Jedes Ding und jedes Lebewesen vermag Trost zu spenden. Laß dich nähren! Versuche, deine Leidenschaften und Begierden in den Griff zu kriegen. Wenn du von deinem Spaziergang durch die Welt zurückgekehrt bist und deine Beweggründe einer kritischen Prüfung unterzogen hast, dann bleibt noch genügend Zeit, Rache zu üben, falls du noch immer danach trachtest. Dann wird sie wenigstens eine echte Handlung sein, nicht nur ein blindes Abreagieren deiner Wut.

Aber ich habe meinen Hunger zu schnell gefüttert. Hätte ich die tödlichen Gefahren, die in meinen hübschen Marmeladengläsern lauerten, richtig eingeschätzt, dann hätte ich wohl nicht so voreilig gehandelt. Andererseits hätte sich, wie Emily sagt, mein Zorn vermehrt, wenn ich ihn verleugnet hätte. Wäre meine Rache dann wohl noch furchtbarer ausgefallen?

Wenn du sehr wütend bist und einen langen Weg vor dir hast, dann ist es ratsam, dich mit genügend Wegzehrung einzudecken. Du solltest dir zum Mittagessen ein Picknick einpacken.

Rezepte für einen nachdenklichen Ausflug

Wie man am besten Picknickkörbe packt, erklärt uns Henry James: sie sollten »von einer amüsanten Unordnung sein, allerdings nicht in einem Ausmaß, das eine vernünftige Mahlzeit erschwert«. Evelyn Waugh schildert ein Picknick aus Tee und Bananensandwiches, an dem er einmal teilnahm. Gelungene Bananensandwiches sollten aus dünngeschnittenen Bananenscheiben und selbstgebackenem, gebuttertem Brot zubereitet werden. Die Präzisionsarbeit, die man leisten muß, um zu verhindern, daß die Bananenscheiben schon beim ersten Bissen herausflutschen, hätte bestimmt Henry James mit seiner sprichwörtlichen Liebe zum Detail gefallen.

Charles Dickens und Wilkie Collins reisten Mitte des neunzehnten Jahrhunderts quer durch Europa. Sie waren unterwegs nach Chamoix mit »einer Straßburger Wurst, je einer Flasche Wein, Brandy und Kirschwasser sowie massenhaft Brot, für den Hunger unterwegs«, wie Dickens in einem Brief an seine Lieben schreibt. Schließlich treffen sie in Bolsena ein, einer italienischen Stadt, die unweit von Orvieto idyllisch an einem See gelegen ist und wo einmal im Jahr die Straßen mit Blumen ausgelegt werden. Dickens berichtet, wie er und Collins »ein großes Feuer gemacht und den Landwein mit Brandy angereichert (Brandy haben wir immer dabei) und mit Nelken gewürzt (Nelken haben wir immer dabei) haben, und dann sind wir zu Bett gegangen.« Seitdem ich Dickens lese, habe auch ich immer Nelken – sowie Kardamom – dabei. Ihr würziger Duft verleiht angenehmen Atem.

❁ Glühwein

(EIN HERVORRAGENDES FRANZÖSISCHES REZEPT)
AUS: ELIZA ACTON, »MODERN COOKERY«, 1830

Bringen Sie 1 ½ Weingläser voll Wasser zum Kochen, geben Sie 7 Gramm Gewürze (Zimt, Ingwer und Nelken) sowie knapp 100 Gramm Zucker hinzu und rühren Sie um, bis ein zähflüssiger Sirup entsteht. Dieser darf keinesfalls anbrennen. Geben Sie einen halben Liter Portwein in den Topf und rühren Sie leicht, bis die Flüssigkeit kurz vorm Siedepunkt ist. Daraufhin sollte sie sofort getrunken werden.
Um einen sogenannten Bischof zuzubereiten, gibt man zu dem obengenannten ein bis zwei Streifen sehr dünner Orangenschalen. Die Franzosen verwenden anstelle des Portweins einen leichten Rotwein. Die meisten französischen Landweine lassen sich gut für die Zubereitung von Glühwein verwenden.
Zu empfehlen ist auch Sherry, Harz- oder Ingwerwein, auf dieselbe Art zubereitet und mit vier Eidottern verfeinert.

Vielleicht hattest du Gelegenheit, lange Spaziergänge auf dem Land zu machen und wilde Brombeeren zu pflücken. Falls du dir den Duft von frischem Weizen und den Anblick weitläufiger englischer Landschaften noch einmal ins Gedächtnis rufen willst, empfehle ich dir, Laurie Lees *Des Sommers ganze Fülle* zu lesen. Und falls du noch Beeren übrig haben solltest und keine Lust mehr verspürst, sie dir in den Mund zu stopfen, dann kannst du wundervolle Speisen daraus machen, sobald du dir den Saft vom Kinn gewischt hast.

»Ach, so eine Brombeertorte, mit purpurnen und schwarzen Beeren, die so groß sind wie dein Daumen. Wie saftig sie sind, und die Kruste, die sie umfaßt, zergeht dir auf der Zunge, und beides schmeckt so gut, daß du die Augen schließt und dir wünschst, du könntest ewig in der Tiefe dieses Augenblicks verweilen.«
Richard Llewellyn
So grün war mein Tal

Der Ausflug sollte inzwischen den Zweck erfüllt haben, deine Wut zu besänftigen. Stell dir vor, dein Liebster oder deine Liebste reagiert kühl und gleichgültig auf deine zärtlichen Aufmerksamkeiten. Wie wirst du empfinden, was wirst du tun? Ich habe damals impulsiv und egoistisch gehandelt. Es wäre wohl besser gewesen, ich hätte Jeremy vergeben und ihm eine Brombeertorte gebacken.

❆ Brombeertorte für Jeremy

Tortenboden
Verrühre 2 Tassen gesiebtes Allzweckmehl mit 4 Teelöffeln Zucker, ¼ Teelöffel Salz und ¼ Tasse Butter.
Mache einen Hohlraum im Teig und gib 2 Eidotter, 1 Teelöffel Vanille und 2 Eßlöffel Wasser hinein, arbeite diese in den Teig ein und rolle ihn zu einer Kugel zusammen.
Decke die Schüssel ab, stelle sie an einen kühlen Ort und lasse den Teig mindestens 30 Minuten ziehen, rolle ihn dann aus, bis er ca. 0,75 cm dick ist und lege die eingefettete Backform damit aus.

Brombeerfüllung
Verrühre ⅔ bis 1 Tasse Zucker mit ¼ Tasse Mehl. (Sollten die Beeren naß sein, empfiehlt es sich, 2 Teelöffel Maismehl hinzuzugeben.) Gib 4 Tassen frische Brombeeren in ein Gefäß und streue die trockenen Zutaten darüber. Schüttele das Ganze leicht durch, bis die Beeren mit Zucker und Mehl beschichtet sind. Laß sie 15 Minuten lang ziehen.
Heize den Ofen auf 220 Grad vor.
Gib nun das Obst in die Backform, zusammen mit 1 bis 2 Eßlöffeln Butter, und bedecke

sie mit Teig. Laß die Torte 10 Minuten backen, stelle die Ofentemperatur auf 180 Grad und backe die Torte weitere 35–40 Minuten, bis sie goldbraun ist.

Falls du niedergeschlagen und betrübt bist, versuche dich aufzumuntern, indem du dir vorstellst, du würdest auf einer Pariser Dachterrasse mit Blick auf den kopfsteingepflasterten Hof frühstücken. Oder stell dir die rauhen und herzhaften Speisen in einem rustikalen Dorfkrug vor oder Katherine Mansfields sonniges Frühstück auf dem Kontinent im Jahre 1920:

»Es wurde heiß. Grün-golden erzitterte überall das Licht. Die weiche, weiße Straße entfaltete sich, und die Platanen warfen bebende Schatten. Es lagen haufenweise Garten- und Flaschenkürbisse herum, und hinterm Haus boten sich die Tomaten der Sonne dar. Blaue, rote und purpurne Blumen flammten auf in den Hecken am Straßenrand. Ein Junge, der einen Ast trug, wankte über ein gelbes Feld, dicht gefolgt von einem kleinen, braunen hüpfenden Ziegenbock. Wir kauften uns zum Frühstück Feigen, ganz dünnhäutige. Sie zerplatzten in der Hand und schmeckten nach Wein und Honig. Wie kommt es, daß die Feige aus dem Norden solch eine keusche, flachshaarige Jungfrau, solch ein Sopran ist? Die schmachtenden Altstimmen sind es, die sich durch die Jahrhunderte singen.«

Bei Colette gab es zum Frühstück weichgekochte Eier mit Kirschen, und ihre Freundin Renee Hamon schreibt: »Es ist delikat, ich kann es nur empfehlen.«

Henry James schwärmt von den Eiern mit Butterbrot, die er in einem Gasthaus in Bourg-en-Bresse zum Frühstück bekam. »Die Eier haben so gut geschmeckt, daß ich mich schäme, zuzugeben, wie viele ich vertilgt habe«, schreibt er 1900 in *A Little Tour in France*, »und über die Butter sagte die Wirtin mit einer Art trockener Koketterie, *nous sommes en Bresse et le beurre n'est pas mal*. Sie war in der Tat ein Gedicht, so daß ich über ein Pfund davon aß. Als ich aufbrach, begleitete mich eine merkwürdige Mischung geistiger Bilder, von spätgotischen Skulpturen und dicken *tartines*.« Eine »tartine« ist eine Scheibe Brot, die großzügig bestrichen ist mit wundervoller Butter, Marmelade oder Pâté. Eine aufwendige tartine könnte zum Beispiel mit Béchamelsoße bestrichen, mit geriebenem Käse bestreut und überbacken werden.

Während du dich aufpäppelst und deine eigene Gesellschaft dir Trost und Ruhe spendet, solltest du zwischendurch ein Stück Kuchen essen. Das folgende Gedicht ist mit 1881 datiert und steht auf der Rückseite von »Mrs. Carmichaels Rezept für Kokoskuchen«. Die Handschrift ist die Emily Dickinsons.

»The things that never can come back, are several –
Childhood – some forms of Hope – the Dead –
Though Joys – like Men – may sometimes make a Journey –
And still abide –
We do not mourn for Traveler, or Sailor,
Their Routes are fair –
But think enlarged of all that they will tell us
Returning here –
›Here!‹ There are typic ›Heres‹ –
Foretold Locations –
The Spirit does not stand –
Himself – at whatsoever Fathom
His native Land –«

❁ Kokoskuchen

AUS: »GUIDES AT THE DICKINSON HOMESTEAD«, ›EMILY DICKINSON, PROFILE OF THE POET AS COOK‹, 1976

2 Tassen Zucker
1 Tasse Butter
2 Tassen Mehl
6 Eier
1 geraspelte Kokosnuß
1 Tasse Kokosnußmilch

Verrühren Sie die Butter mit dem Zucker, geben Sie nach und nach das Mehl dazu, dann die geschlagenen Eidotter, dann das getrennt geschlagene Eiweiß, die Kokosraspeln und

Katherine Mansfield, 1888–1923.

-milch. Halten Sie aber eine Portion Raspeln zurück, denn wenn der Kuchen fertig gebacken und mit Zucker glasiert ist, wird die Glasur damit bestreut.
Die Backformen werden zur Hälfte gefüllt, in den Ofen geschoben und bei 180 Grad 25 bis 30 Minuten gebacken.

Wenn du noch immer deinem Verlust nachhängst und dem Alleinsein nichts Konstruktives abgewinnen kannst, dann mußt du von den Dichtern und Köchen noch etwas sehr Entscheidendes lernen: wie du dein eigenes Leben zum Kunstwerk gestalten kannst. Viele Dinge sind unwiederbringlich, du kannst die Vergangenheit nicht ändern. Aber du kannst deiner Zukunft Gestalt verleihen. Und du kannst einen Kuchen backen.

Genieße ihn langsam und überlege dir dabei, wie du die Kunst des Lebens meistern könntest. »Bei ihr war die Lebenskunst schon vor der Schreibkunst da«, sagt Maurice Goudeket über Colette. Er lobt ihre Bauernweisheiten und ihr enormes Wissensgebiet in hauswirtschaftlichen Dingen, das die Herstellung von Orangenwein, die Zubereitung von Trüffeln und den Umgang mit Tafelleinen umfaßte. »So gesehen«, schreibt er, »hätte es ihr keineswegs mißfallen, wenn man von ›Schreibrezepten‹ gesprochen hätte.« Im Sommer pflegte Colette Beeren zu pflükken und sie in ein Faß Brandy zu geben, so daß dieser ihr fruchtiges Aroma annahm.

Gieß dir also ein großes Glas jenes Brandys ein und trink ein letztes Mal auf mich. Als Toast habe ich William Somerset Maughams Rezept für einen Sinnspruch gewählt. Es findet sich in *Aus meinem Notizbuch*:

»Das Rezept: Junge Menschen sind ernst. Er war ein junger Mann mit einem kampflustigen, aber recht anziehenden Gesicht und einem Schopf dichten, braunen Haares.
Da er diffuse literarische Ambitionen hegte, bat er mich, ihm zu erklären, wie man einen Sinnspruch schreibt. Er war bei den Fliegern, also erwiderte ich ganz selbstverständlich: ›Sie müssen ein Looping über einem Gemeinplatz machen und dann zwischen den Zeilen landen.‹ Er runzelte die Stirn und überdachte eingehend diese Antwort.
Somit erwies er mir die Ehre, meine Worte ernstzunehmen, dabei hatte ich mir als Dank ein Lächeln erhofft.«

Auch ich erhoffe mir ein Lächeln als Dank.

Bibliographie

Aaberg, Jean/Judith Homme Bulduc: *Classics in the Kitchen. An Edible Anthology for the Literary Gourmet*, Los Angeles 1969

Accum, Frederick: *A Treatise on Adulterations of Food and Culinary Poisons*, Philadelphia 1820

Elizabeth Ray (Hrsg.): *The Best of Eliza Action. Recipes from her Classic Modern Cookery for Private Families*, London 1968

Acton, Eliza: *Modern Cookery for Private Families*, London 1850

dies.: *Poems by Eliza Acton*, Ipswich 1826

Albaret, Céleste: *Monsieur Proust.* Hrsg. v. Georges Belmont, New York 1976

Ariès, Philippe/Georges Duby (Hrsg.): *Geschichte des privaten Lebens.* Bd. 3 hrsg. v. Roger Chartier, Frankfurt 1991

Aubarel, Eduoard (Hrsg.): *L'Académie Goncourt en Dix Couverts*, o.O. 1943

Auden, W. H./Christopher Isherwood: *Journey to a War*, London 1939

Bailey, Adrian/Hrsg. der Time-Life Bücher: *The Cookery of the British Isles*, New York 1969

Baldick, Robert: *Dinner at Magny's*, London 1971

Balzac, Honoré de: *Ein Junggesellenheim*, Leipzig/Weimar 1983

ders.: *Glanz und Elend der Kurtisanen*, Bd. 1/2, Zürich 1977

ders.: ›*The Letters of Honoré de Balzac to Madame Hanska*‹, in: *The Works of Balzac*, Boston 1899–1900

Bates, Marston: *Gluttons and Libertines. Human Problems of Being Natural*, New York 1958

Baudelaire, Charles: *Mein entblößtes Herz. Die beiden Tagebücher nebst Bildnissen und Zeichnungen*, München 1946

Beard, James: *Beard in Bread*, New York 1973

ders.: *Delights and Prejudices*, New York 1964

Beauvoir, Simone de: *Amerika. Tag und Nacht*, Hamburg 1950

Beerbohm, Max: *And Even Now*, London 1921

Beeton, Isabella: *Beeton's Book of Household Management*. Faksimile der 1. Auflage 1861, London 1991

dies.: *Mrs. Beeton's All About Cookery*, London 1961

dies.: *Mrs. Beeton's Familie Cookery*, London 1923

Bernier, Georges: *Paris Cafes. Their Role in the Birth of Modern Art*, New York 1985

The Best of A. J. Liebling ausgewählt von William Cole, London 1965

Beucler, André: *The Last of the Bohemians. Twenty Years with Leon-Paul Fargue*, Westport 1954

Bey, Pilaf (Pseudonym für Norman Douglas): *Venus in the Kitchen*, London 1952

Bianchi, Martha Dickinson: *Emily Dickinson Face to Face. Unpublished Letters with Notes and Reminiscences*, Boston 1932

Billy, Andre (Hrsg.): *Vie des Frères Goncourt*, Monaco 1965

Boswell, James: *Boswells Londoner Tagebuch*, Zürich/Stuttgart 1953

ders.: *Das Leben Samuel Johnsons und das Tagebuch einer Reise nach den Hebriden*, München 1985

Boussel, Patrice: *Les Restaurants dans la Comédie Humaine*, Paris 1950

Bowden, Gregory Housten: *British Gastronomy. The Rise of Great Restaurants*, London 1975

Bradshaw, Steve: *Cafe Society. Bohemian Life from Swift to Bob Dylan*, London 1978

Briggs, Richard: *The New Art of Cookery According to the Present Practice; Being a Complete Guide to all Housekeepers*, Philadelphia 1792

Brillat-Savarin, Jean-Anthelme: *The Physiology of Taste or Meditations on Transcendental Gastronomy*, New Haven 1825

Brontë, Charlotte: *Jane Eyre*, Zürich 1988

Dickinson, Emily: *Profile of the Poet as Cook, by Guides at the Dickinson Homestead:*

Nancy Harris Brose, Juliana McGovern Dupre, Wendy Tocher Kohler, Jean McClure Mudge, Amherst 1976
Burke, Thomas: *Dinner Is Served*, London 1937
Byron, George Gordon Lord: ›*Don Juan*‹, in: *Sämtliche Werke*, hrsg. v. S. Schmitz, Bd. 2, München 1977
Casanova de Seigalt, Giacomo Girolamo: *Memoiren*, München 1968–1969
Casas, Penelope: *The Foods and Wine of Spain*, New York 1991
Cather, Willa: *Willa Cather in Europe*, New York 1956
Champan, R. W.: *Jane Austen's Letters to Her Sister Cassandra and Others*, Oxford 1932
Charles, C. A. (Hrsg.): *Love Letters of Great Men and Women*, London 1924
Charters, James (Jimmie the Barman): *This Must Be the Place. Memoirs of Montparnasse*, London 1934
Clark, Priscilla: ›Thoughts for Food. I: French Cuisine and French Culture‹, in: *The French Review*, Bd. XLIX (1975), Nr. 1
Clemens, Samuel: *A Tramp Abroad*, New York/London 1879
ders.: *Roughing It*, Hartford 1875
ders.: *The Innocents Abroad*, Hartford 1871
Clutterbuck, Lady Maria (Mrs. Charles Dickens): *What Shall We Have for Dinner*, London 1851
Cobbett, William: *Cottage Economy*, London 18. Auflage 1867
Colet, Louise: *Lui, a view of him*, Athens 1986
Colette, Sidonie-Gabrielle: *The Blue Lantern*, New York 1949
dies.: *The Break of Day*, London 1961
dies.: *Mitsou*, Wien 1986
dies.: *Chéri*, München 1985
dies.: ›Claudine Married‹ und ›Claudine in Paris‹, in: *The Complete Claudine*, New York 1976
dies.: *My Apprenticeships*, London 1957
dies.: *The Pure and the Impure*, New York 1966
dies.: *The Ripening Seed*, London 1955

dies.: *The Tender Shott*, New York 1958
Collins, William Wilkie: *Der Monddiamant*, München 4. Auflage 1984
Conrad, Jessie: *A Handbook of Cookery for a Small House*, New York 1923
dies.: *Home Cookery*, London 1936
Conrad, Joseph: *Josepf Conrad. Times Remembered*, London/New York 1981
Contarini, Paolo: *The Savoy Was My Oyster*, London 1976
Cooper, Charles: *The English Table in History and Literature*, London 1930
Cooper, James Fenimore: *Gleanings in Europe by an American*, Philadelphia 1837
Cottrell, Robert: *Colette*, New York 1974
Courtine: *Balzac à Table*, Paris 1976
Cowley, Malcom: *A Second Flowering. Work and Days of the Lost Generation*, New York 1956
David, Elizabeth: *Elizabeth David Classics. Mediterranean Food, French Country Cooking, Summer Cooking*, New York 1985
dies.: *English Bread and Yeast Cookery*, New York 1980
dies.: *Italian Food*, New York 1958
dies.: *An Omelette and a Glass of Wine*, New York 1985
dies.: *Summer Cooking*, London 1955, 1961
Davidson, Allan: *A Kipper with My Tea*, London 1988
Deghy, G./K. Waterhouse: *Cafe Royal. Ninety Years of Bohemia*, London 1955, 1956
Dickens, Charles: *Eine Christnachtsgeistergeschichte*, München 1983
ders.: *Klein Dorrit*, München 1978
Dods, Meg: *The Cook and Housewife's Manual*, o. O. 1819
Dos Passos, John: *The Best Times*, New York 1966
Douglas, Mary: ›Deciphering a Meal‹, in: *Daedalus, Journal of the American Academy of Arts and Sciences* (Winter 1972)
Drabble, Margaret (Hrsg.): *The Oxford Companion to English Literature*, Oxford 1985
Driver, Christopher/Michelle Berriedale-Johnson: *Pepys at Table*, Berkeley 1984
Dumas on Food. Recipes and Anecdotes from the Classic Grand Dictionnaire de Cuisine, New York 1987
Dumas, Alexandre: *Alexandre Dumas's Adventures in Czarist Russia*, Westport 1975

ders.: *Der Graf von Monte Cristo*, Bde. 1/2, Frankfurt 1977
ders.: *Grand Dictionnaire de Cuisine*, Paris 1873
ders.: *Impressions of Travel in Egypt and Arabia Petraea*, New York 1839
Eliot, Thomas Stern: *Notes Towards the Definition of Culture*, New York 1949
Ellis, Aytoun: *The Penny Universities*, London 1956
The Epicure, Bd. 34 (1920), Nr. 1
Escoffier, Auguste: *The Escoffier Cookbook. A Guide to the Fine Art of French Cuisine*, New York 1969
dies.: *Der Kochkunst-Führer*, Gießen 1988
dies.: *Le Livre des menus*, Paris 1927
Evelyn, John: *Acetaria. A Discourse of Sallets*, New York 1937
Feret, Barbara L.: *Gastronomical and Culinary Literature*, London 1979
Fielding, Henry: *Tom Jones. Die Geschichte eines Findlings*, München 1965
Fisher, M. F. K.: *How to Cook a Wolf*, New York 1942
Fitz Gibbon, Theodora: *A Taste of Scottland*, New York 1970
dies.: *A Taste of the West Country in Food and in Pictures*, London/Sydney 1975
Flaubert, Gustave: *Madame Bovary*, Stuttgart 1972
Ford, Ford Madox: *New York is Not America. Being a Mirror to the States*, New York 1927
ders.: *Portraits from Life*, Chicago 1936
ders.: *Provence. From Minstrels to the Machine*, London 1933
Forster, E. M.: ›Porridge or Prunes, Sir?‹, in: *Wine and Food*, Bd. 21–24 (1939)
Fostini, John (Hrsg.): *Love Letters*, New York 1958
Frewin, Leslie (Hrsg.): *Parnassus Near Piccadilly. An Anthology*, London 1965
Garnett, David: *Great Friends*, New York 1980
Githers, John (Übers.): Charles Baudelaire: ›*Poem of Hashish*‹ und Théophile Gautier: ›*The Haschish Club*‹, New York 1971
Woolsey, Sarah Chauncey (Bearb.): *The Letters of Jane Austen*, Boston 1903
Gittings, Robert/Jo Manton: *Dorothy Wordsworth*, Oxford 1985
Glasse, Hannah: *The Art of Cookery Made Plain and Easy*, London 1767
Goethe, Johann Wolfgang von: *Campagne in Frankreich* (1792), München 1992

Goncourt, Edmond und Jules: *The Goncourt Journals* 1851–1870, hrsg. v. Robert Baldick, London 1980
Gordon, Jean: *Coffee Recipes. Customs, Facts and Fancies*, Woodstock 1963
Goudeket, Maurice: *Close to Colette. An Intimate Portrait of a Woman of Genius*, New York 1957
Gozlan, Léon: *Balzac in Slippers*, New York 1929
Grabhorn, Robert: *A Commonplace Book of Cookery*, San Fransisco 1985
Grahame, Kenneth: *Wind in the Willows*, New York 1983
Grant, Elliott M.: *Émile Zola*, Boston 1966
Greenberg, Sheldon/Elisabeth Lambert Ortiz: *The Spice of Life*, New York 1983
Greene, Graham: *A Sort of Life*, New York 1971
ders.: *Ways of Escape*, New York 1980
Grigson, Jane (Hrsg.): *English Food. An Anthology*, London 1974
dies.: *Good Things*, New York 1971
dies.: *Jane Grigson's Vegetable Book*, New York 1979
dies.: *The Observer Guide to British Cookery*, London 1984
Hall, E. Hepple: *Coffee Taverns, Cocoa Houses, and Coffee Palaces*, London 1878
Hamon, Renée: *Lettres au petit corsaire*, Paris 1963
Handley, Helen (Hrsg.): *The Lover's Quotation Book. A Literary Companion*, Wainscott, New York 1986
Hardy, Thomas: *Der Bürgermeister von Casterbridge. Leben und Tod eines Mannes mit Charakter*, Ditzingen 1985
Harper's Magazine, Bd. 144, Mai 1922, 1867
Hart, James D.: *The Concise Oxford Companion to American Literature*, New York 1986
Harvey, Sir Paul/J. E. Heseltine (Hrsg.): *The Oxford Companion to French Literature*, Oxford 1987
Hawthorne, Nathaniel: *Passages from the English Notebooks*, Boston 1871
Hawthorne, Sofia: *Notes in England and Italy*, New York 1869
Hellman, Lillian/Peter Feibleman: *Eating Together: Recollections and Recipes*, Boston 1984

Hemingway, Ernest: *A Moveable Feast*, London 1964
Hemmings, F. W. J.: *Baudelaire the Damned*, New York 1982
Hewett, Edward/W. F. Acton: *Convivial Dickens. The Drinks of Dickens and His Times*, Athens 1983
Hickman, Peggy: *A Jane Austen Household Book with Martha Lloyd's Recipes*, Newton Abbot 1978
Higginson, Thomas Wentworth: ›Emily Dickinson's Letters‹, in: *The Atlantic Monthly* (Oktober 1891)
Hill, Brian (Bearb.): *The Greedy Book. A Feast for the Eyes*, London 1966
Holme, Thea: *The Carlyles at Home*, London 1965
Holt, Geraldine (Hrsg.): *A Cup of Tea. An Afternoon Anthology of Fine China and Tea Traditions*, New York 1991
Hooker, Richard: *Food and Drink in America*, New York 1981
Hughes, Langston: *The Big Sea. An Autobiography*, New York 1945
Hunt, Leigh: *Table Talk*, London 1851
Hunt, Peter (Bearb.): *Eating and Drinking. An Anthology for Epicures*, London 1961
Hurston, Zora Neale: *Mules and Men*, Bloomington 1935, 1963, 1978
dies.: *Their Eyes Were Watching God*, Urbana 1937, 1978
Hutton, Laurence: *Literary Landmarks of London*, Boston 1885
I Too Am Here. Selections from the Letters of Jane Welsh Carlyle, New York 1977
Jackson, Stanley: *The Savoy. The Romance of a Great Hotel*, London 1964, 1979
James, Henry: *A Little Tour in France*, New York 1975
Jenkins, MacGregor: *Emily Dickinson. Friend and Neighbor*, Boston 1930
Jouve, Nicole Ward: *Colette*, Indianapolis 1987
Kaufman, William I.: *The Coffee Cookbook*, New York 1964
King, Graham: *Garden of Zola. Émile Zola and His Novels for English Readers*, New York 1983
Kolpas, Norman: *The Chocolate Lover's Companion*, New York 1977
Lane, Margaret: *Purely for Pleasure*, London 1966
Lang, Jenifer Harvey (Hrsg.): *Larousse Gastronomique*, New York 1984
Latham, Robert (Hrsg.): *The Illustrated Pepsy. From the Diary*, Berkley 1983

Latham, Jean: *The Pleasure of Your Company. A History of Manners and Meals*, London 1972
Latimer, Dean/Jeff Goldberg: *Flowers in the Blood. The Story of Opium*, New York 1981
Le Clerq, Jacques: ›The Decay of the Cook‹, in: *American Mercury*, Bd. 6 (1925)
Lee, Laurie: *Des Sommers ganze Fülle*, München 1991
Le Hardouin, Maria: *Colette. A Biographical Study*, London 1958
Leisner, Marcia: *Literary Neighborhoods of New York*, Washington/Philadelphia 1989
Letters from Madame la Marquise de Sévigné, ausgewählt, übersetzt und mit einem Vorwort von Violet Hamersly, London 1955
Lévi-Strauss, Claude: ›The Culinary Triangle‹, in: *Partisan Review*, Bd. 33 (1966)
Lewis, C. S.: *The Chronicles of Narnia*, New York 1951–1956
Lewis, Grace Hegger: *With Love from Gracie*, New York 1951, 1955
Lillywhite, Bryant: *London Coffee Houses*, London 1963
Littlewood, Ian: *Paris. A Literary Companion*, New York 1988
Llewellyn, Richard: *So grün war mein Tal*, München 1987
Lottman, Herbert: *The Left Bank. Writers, Artists, and Politics from the Popular Front to the Cold War*, Boston 1982
Luddington, Townsend: *John Dos Passos. A Twentieth Century Odyssey*, New York 1980
Lust, John: *The Herb Book*, New York 1987
McCullers, Carson: *Die Ballade vom traurigen Kaffee*, Zürich o. J.
McGee, Harold: *On Food and Cooking. The Science and Law of the Kitchen*, New York 1984
Macauley, Thomas Babington: *Macauley's History of England*, New York 1972
Mackenzie, Compton: *The Savoy of London*, London 1953
Mansfield, Katherine: *Erzählungen und Tagebücher*, Stuttgart 1974
Marchand, Leslie: *Byron. A Portrait*, New York 1970
dies. (Hrsg.): *Lord Byron. Selected Letters and Journals*, Cambridge 1982
Maturin, Charles Robert: *Melmoth the Wanderer*, Lincoln 1961
Maugham, William Somerset: *Aus meinem Notizbuch*, Zürich o. J.
Maurois, André: *The Titans. A Three Generation Biography of the Dumas*, New York 1957

ders.: *Auf den Spuren von Marcel Proust*
Messieurs les académiciens Goncourt: *The Colour of Paris*. Hrsg. v. M. Lucien Descaves, London 1908
Miller, Luree: *Literary Villages of London*, Washington/Philadelphia 1989
Miller, Henry: *Remember to Remember*, New York 1947
Milne, A. A.: *The House at Pooh Corner*, London 1928
Mintz, Sidney W.: *Sweetness and Power. The Place of Sugar in Modern History*, New York 1985
Moore, Thomas: *Byron's Life, Letters, and Journals with Nitices of His Life*, London 1839
Morris, Christopher (Hrsg.): *The Journal of Celia Fiennes*, London 1949
Morton, Marcia und Frederic: *Chocolate. An Illustrated History*, New York 1986
Myers, Robert (Bearb.): *The Spice of Love. Wisdom and Wit About Love Through the Ages*, Kansas City 1968
Naudin, Jean-Bernard/Anne Borrel/Alain Senderens: *Dining with Proust*, New York 1992
Noble, Joan Russell (Hrsg.): *Recollections of Virginia Woolf by Her Contemporaries*, London 1975
Oliver, Raymond: *The Art and Magic of Cooking*, London 1959
Orwell, George: *Auftauchen, um Luft zu holen*, Zürich o. J.
ders.: *Erledigt in Paris und London. Sozial-Reportage aus dem Jahre 1933*, Zürich o. J.
ders.: *Der Weg nach Wigan Pier*, Zürich 1982
Pell, Robert Conger: *Table Talk on Books, Men, and Manners*, New York 1853
Perelman, S. J.: *Crazy Like a Fox*, New York 1944
Phelps, Robert: *Professional Secrets. An Autobiography of Jean Cocteau Drawn from His Life of Writings*, New York 1970
ders.: Earthly Paradise. An Autobiography from Her Lifetime of Writings, New York 1966
Philippon, Henri: *La Cuisine Provençale*, Paris 1966
Pichois, Claude: *Baudelaire*, London 1989
Pigache, Captain Nichols: *Cafe Royal Days*, London 1934

Pizer, Vernon: *Eat the Grapes Downward. An Uninhibited Romp through the Surprising World of Food*, New York 1983
Poe, Edgar Allan: *Selected Tales*, London 1991
Ponsonby, Arthur: *Samuel Pepys*, New York 1929
The Pooh Cookbook. Inspired by Winnie-the-Pooh and The House at Pooh Corner by A. A. Milne, recipes by Katie Stewart, London 1971
Price, E. Cox: *›Bon Mots‹ for Menus*, London 1936
Proust, Marcel: *Auf der Suche nach der verlorenen Zeit*, Frankfurt 3. Auflage 1989
Pullar, Philippa: *Consuming Passions. Being an Historic Inquiry into Certain English Appetites*, Boston 1970
Putnam, Samuel: *Paris Was Our Mistress. Memoirs of a Lost and Found Generation*, New York 1947
Quennell, Peter: *Casanova in London*, New York 1971
Quincey, Thomas de: *Confessions of an English Opium Eater*, London 1822
Rampersand, Arnold: *The Life of Langston Hughes*, Bd. 1: 1902–1941, I, Too, Sing America, New York 1986
Ray, Cyril (Hrsg.): *The Gourmet's Companion*, London 1963
Ray, Gordon N. (Hrsg.): *William Makepeace Thackery. Contributions to the Morning Chronicle*, London/Urbana 1966
Reekie, Jennie: *The London Ritz Book of Christmas*, London 1989
La République des lettres vom 13. April 1877
Reynière, Grimod de la/Alexandre Balthazar Laurent: *Manuel des amphitryons*, Paris 1808
Richardson, Joanna: *Colette*, New York 1984
Rilke, Rainer Maria: *Brief an einen jungen Dichter*, Frankfurt 1989
Roberts, Elis: *Samuel Rogers and His Circle*, London 1910
Robinson, Kenneth: *Wilkie Collins*, London 1974
Recollections of the Table-Talk of Samuel Rogers, London 1856
Root, Waverly: *The Food of France*, New York 1970
ders.: *The Food of Italy*, New York 1971
Rostand, Edmond: *Cyrano de Bergerac*, New York 1988

Salman, Alice Wooledge: ›Colette and Wine‹, in: *Journal of Gastronomy*, Bd. 1 (1985), Nr. 3
Sandars, Mary F.: *Honoré de Balzac. His Life and Writings*, London 1904, 1914
Sass, Lorna J.: *Dinner with Tom Jones. Eighteenth-century Cookery Adapted for the Modern Kitchen*, New York 1977
Saulnier, Louis: *La Répertoire de La Cuisine*, New York 1976
Scheu-Riesz, Helene (Hrsg.): *Will You Marry Me? Proposal Letters of Seven Centuries*, New York 1940
Schloesser, Frank: *The Greedy Book*, London 1906
Schwartz, Hillel: *Never Satisfied. A Cultural History of Diets, Fantasies, and Fat*, New York 1986
Serrane, Ann/John Tebbel: *The Epicure's Companion*, New York 1962
Seyd, Felicia: *Romantic Rebel. The Life and Times of George Sand*, New York 1940
Soyer, Monsieur A.: *The Gastronomic Regenerator*, London 1849
The Spectator, Nr. 403 vom 12. Juni 1712
Starkie, Enid: *Baudelaire*, New York 1958
Steegmuller, Frances (Hrsg.): *Flaubert in Egypt*, London 1972
Stendal, Marie Henri Beyle de: *Über die Liebe*, Frankfurt 1975
ders.: *Gesammelte Werke.* Hrsg. v. Friedrich von Oppeln-Bronikowski. Bd. 7.: Bekenntnisse eines Ichmenschen: Selbstbiographie, Tagebücher, Berlin [ca. 1923]
Ström, S. A. E.: *And So To Dine. A Brief Account of the Food and Drink of Mr. Pepys Based on His Diary*, London 1955
Swift, Jonathan: *Directions to Servants and Other Pieces in Prose and Verse*, Dublin 1752, Bd. 8
ders.: *Tagebuch in Briefen an Stella*, Berlin 1866/67
Tannahill, Reay: *Food in History*, New York überarbeitete Auflage 1988
Tassart, François: *Recollections of Guy de Maupassant*, London 1912
Tatler, Bd. 1 (1804)
Thurber, James/E. B. White: *Is Sex Necessary?* New York/London 1929
Timbs, John: *Clubs and Club Life in London*, London 1872
Toklas, Alice B.: *Das Alice B. Toklas Kochbuch*, Berlin 1994

Trager, James: *The Food Book*, New York 1970
La Treille *Muscate de Colette. Eaux-fortes par André de Segonzac*, Paris 1932
Trollope, Anthony: *Miss Mackenzie*, New York 1981
ders.: *North America*, New York 1862
Trollope, Frances: *Paris and the Parisians*, London 1836
ders.: *Domestic Manners of the Americans*, London 1832
Urbain-Dubois, Félix: *The Household Cookery Book*, London 1871
ders.: *La Cuisine de Tous les Pays*, Paris 12. Auflage 1926
ders.: *Nouvelle Cuisine Bourgeoise. Pour La Ville et pour La Campagne*, o. O. 3. Auflage 1882
Vandam, Albert D.: *An Englishman in Paris*, New York 1892
Visser, Margaret: *Much Depends on Dinner*, London 1989
Ward, Edward: *The Secret History of the Calves-Head Club*, London 1706
Waugh, Evelyn: *Als das Reisen noch schön war*
Welsch, Roger L. und Linda K.: *Cather's Kitchens. Foodways in Literature and Life*, Lincoln 1987
Wharton, Edith: *A Backward Glance*, New York 1934
dies.: *French Ways and Their Meaning*, New York 1919
Wilde, Oscar: *Plays*, New York 1983
Willan, Anne: *Great Cooks and Their Recipes*, Boston 1992
Wilson, Anne: *Food and Drink in Britain*, London 1973
Woolf, Leonard (Hrsg.): *A Writer's Diary. Being Extracts from the Diary of Virginia Woolf*, London 1953
Woolf, Virginia: *Ein Zimmer für sich allein*, Frankfurt o. J.
dies.: *Zum Leuchtturm*, Frankfurt 1994
Wordsworth, Dorothy: *The Grasmere Journals*, hrsg. v. Pamela Woolf, Oxford 1991
Wormeley, Katharine Prescott: *A Memoir of Honoré de Balzac*, Boston 1892
Wyman, Helen: ›*Emily Dickinson as Cook and Poetess*‹, in: Better Food (Juni 1906)
Zola, Émile: *Der Bauch von Paris*
ders.: *Nana*, München 1988
Zweig, Stefan: *Balzac*, Frankfurt 1990

Verzeichnis der Rezepte

Fotonachweis

Alice B. Toklas, Foto: Arnold Genthe, University of California Berkeley, The Bancroft Library

Katherine Mansfield, Mary Evans Picture Library, London

Alle anderen Aufnahmen verdanken wir dem Archiv für Kunst und Geschichte, Berlin